新时代社区多元治理途径研究

李龙江/著

图书在版编目（CIP）数据

新时代社区多元治理途径研究 / 李龙江著. -- 北京 : 企业管理出版社, 2021.7
ISBN 978-7-5164-2411-7

Ⅰ.①新… Ⅱ. ①李… Ⅲ. ①社区管理—研究—中国
Ⅳ.①D669.3

中国版本图书馆CIP数据核字(2021)第114982号

书　　名：新时代社区多元治理途径研究
作　　者：李龙江
责任编辑：张　羿
书　　号：ISBN　978-7-5164-2411-7
出版发行：企业管理出版社
地　　址：北京市海淀区紫竹院南路 17 号　　邮编：100048
网　　址：http：//www.emph.cn
电　　话：编辑部（010）68701292　发行部（010）68701816
电子信箱：80147@sina.com
印　　刷：北京虎彩文化传播有限公司
经　　销：新华书店
规　　格：710 毫米 ×1000 毫米　16 开本　14.25 印张　205 千字
版　　次：2021 年 7 月第 1 版　2021 年 7 月第 1 次印刷
定　　价：68.00 元

版权所有　翻印必究 · 印装错误　负责调换

前　言

社区是社会的基本单元，也是社会的缩影。同样，城市社区是城市社会的基本构成单元，包含着人们的多种社会关系、多种社会群体与多种社会活动，社会存在的一些现象都可以在社区内反映出来，人们能够透过社区观察到千变万化的社会现象。社区是在一定地域空间聚居的社会生活共同体，承载了地域、居民与关系三个基本要素。而社区治理是一门研究有效治理社区，探究社区公共事务治理之道与居民幸福艺术，从而实现政府行政管理与社区自治良性互动的科学。社区治理的实践在于从大处着眼、从小处着手，怀大爱心、做小事情。

基于此，本书以“新时代社区多元治理途径研究”为题，共设置六章。第一章阐述社区的构成要素与功能、社区的类别划分、社区治理的必要性与原则、社区治理的类型与方法；第二章探讨社区治理的组织结构、社区治理环境下的社区教育、社区民主与社区自治；第三章讨论社区治理体系与治理能力现代化、社区治理现代化的目标与方向、社区治理现代化的发展思路；第四章探究社区治理网络化的相关理论、社区治理网络化的电子治理、社区治理网络化的协同管理、社区治理网络化的发展趋势；第五章解析社区治理智能化的基本过程、社区治理智能化的主要功能、社区治理智能化与党建工作、社区治理智能化与社区公共系统、社区治理智能化建设的路径；第六章讨论社区治理中“公益银行”的助力实践与创新、智慧社区建设与治理的融合创新路径。

全书秉承较为新颖的理念，内容丰富详尽，结构逻辑清晰，从社区与社区治理的基本内容着手对读者进行引入，系统性地解读了社区多元治理的各种途径。另外，本书注重理论与实践的紧密结合，客观实用，对社区治理具有一定的参考价值。

本书的撰写得到了许多专家学者的帮助和指导，在此表示诚挚的谢意。由于水平有限，内容难免有疏漏与不够严谨之处，希望各位读者多提宝贵意见，以待进一步修改完善。

甘肃省委党校 李龙江

2021年3月

目　　录

第一章 社区与社区治理概论

第一节 社区的构成要素与功能

一、社区的构成要素

1.人口

对于社区而言，一定数量规模的人口是其必不可少的构成要素。如果一个社区没有人，就没有了服务的对象与主体，社区也就失去了赖以生存的生命精神。人口是社区生活的主体，也是社区发展理念的引领者。此外，社区人口的构成、密度、流动状况等都会对社区的发展产生重要影响，社区人口是社区持续发展的内在动力。

2.地域

地域要素又被称为区位要素。地域是社区居民的基本生存空间，也是一定地域范围内的自然要素和人文要素相互作用形成的结合体。它可以提供社区居民生产和生活所需要的环境与资源，也可以为社区居民提供交往的空间。如果没有一定的地域作为社区居民的生活场所，那么任何相关的社区活动都无法得到有效的开展。

3.组织

作为一种生活共同体，社区的正常运转离不开组织的存在。社区居民之间的社会互动以及社会关系会形成并且依赖于某种稳定的组织架构。社区是一群人，其外延包含广泛的活动和利益，社区服务是以社区居民的组织参与为主体，“参与”指的是全体人的参与，而不仅限于部分人的利益和行动。因此，社区是一种变化着的群体经历，也是具有同一种信念和利益的人的一种组织，是一系列不同的群体和行动借以依托的单位。

4.物质

物质要素是指与社区居民生活密切相关的基础服务设施。在社区发展中，物质要素主要发挥着基础性作用，它是保障社区居民生存的必要手段，也是社区居民维持正常生活所必需的基本物质前提。在当代社会中，社区基础服务设施是否完善、配套、实用，是衡量一个社区现代化发展水平的重要评价指标。对一个社区而言，有良好的基础服务设施做保障，社区居民就会拥有相对丰富的物质生活。

5.文化

每个社区都有自身独特的文化特征，它是识别社区、区别社区的重要标志。之所以会形成这种独特的社区文化特征，原因在于，每个社区往往具有不同的经济条件、政治条件、自然条件、区位条件、居民职业结构以及历史文化传统等。从本质上讲，社区文化可以说是一种“家园文化”，它可以提高社区居民的凝聚力，也可以渗透到社区居民的日常生活之中，为社区居民提供基本的行为规范，并且对社区居民的行为方式产生约束。另外，社区文化也是整

个社会文化的重要组成部分，一方面，社区文化受到外部社会文化的制约，另一方面，社区文化反过来也会影响社会文化的繁荣程度。

二、社区的功能

社区功能的多重性是由社区内容的多样性和社区居民的多方面需求所决定的，也是社区作为社会实体的一种反映。

1.政治功能

从根本上看，社区所具有的政治功能并非是凭空产生的，而是来源于社区在国家政治体制结构中的基础地位。在我国的政治体系中，基层政府职能达到乡镇一级，而街道办事处并不是一级政府，它只是当地政府的派出机构。在此情况下，如何将上级政府、党组织与基层社会联系起来就成为一个重要的现实政治问题。而社区居民委员会的存在正好可以解决上述问题，它可以成为联系上级政府、党组织与社区居民之间关系的纽带。这就使得社区居民委员会可以代表政府行使某些职能，并协助政府完成各项政治任务。

2.经济功能

社区的经济功能主要表现在两个方面：一是社区通过各种方式直接参与到本社区的经济活动中，提高本社区经济的发展水平，为社区居民提供更好的社会经济生活条件；二是社区通过其他社会功能的充分发挥，为社区经济的发展提供一个良好的外部环境，从而间接推动本地区经济的发展。如果社区经济功能能够得到良好的发挥，无疑将有助于实现社区的可持续发展。

3.文化功能

对社会而言，文化可以说是人与人之间联系的重要桥梁。社会文化的产生、传播与发展，一方面要通过专门的学校、培训机构、公司等来完成，另一方面则需要通过社区之类的社会组织来完成。一般认为，社区是社区文化的土壤，同时社区文化制约着社区结构的形成，社区文化的孕育和传承又存在于社区的社会活动和生活工作之中。近年来，随着城市化进程的不断推进，社区建设的水平也不断提高，社区所具有的文化功能也越来越明显。作为新时期城市文化建设的重要组成部分，社区文化在推进社区精神文明建设、丰富社区居民业余文化生活，以及促进社区的安定团结方面发挥着不可替代的作用。

4.服务功能

起初，社区的服务功能并没有得到充分重视。而在现代社会越来越强调服务功能的背景下，社区的服务功能受到越来越多的关注。社区服务主要有两种形式：一是政府向社区提供的服务，包括政府对社区的宏观指导、资金投入以及福利支持等；二是社区内部提供的服务，包括社区提供的人际交往服务、文化活动服务以及养老方面的服务等。

第二节 社区的类别划分

由于历史和现实的原因，我国社区的类型非常复杂，不同类型社区之间在人口结构、人际关系、资源结构、文化积淀等方面的差异很大。目前社会学家对社区的分类尚未形成统一的意见，有的学

者从发挥不同的经济、社会功能的角度，把社区分成初级、次级和三级功能社区。有的学者按人口的规模，把社区分为大都市、中等城市和小城镇社区。还有的学者从区位学的角度，根据人们活动的不同空间分布，把一个社区分为住宅社区、商业社区、工业社区和文化教育社区等。也就是说，根据不同的分类标准，可以把社区划分为不同的类型。

一、根据空间特征划分社区类型

在社区类型划分中，空间特征也是一种重要的划分标准。从社区的空间特征来看，不同类型的社区往往会表现出不同的空间特征。可根据不同社区所具有的鲜明空间特征将其划分成不同的类型，或者不同的社区表现形态，即自然社区、法定社区和虚拟社区。

1.自然社区

自然社区通常是人们长期聚居而自然形成的社区。在长期共同的生产和生活中，很容易形成一些非人为的、共生共存的社会地理空间。这种自然社区与自然环境有着密切的联系。大多数自然社区都是以河流、湖泊、土地、山林等自然资源为依托的，这也是自然社区居民生产和生活的主要来源。自然社区的主要特征在于：规模一般相对较小，以家庭为主要的生产和生活单位，居民的生活习惯与习俗等也较为接近。而且，自然社区具有较强的同质性，社区居民也对社区具有强烈的归属感和认同感等，例如，农村中的自然村就是自然社区的突出表现形式。

2.法定社区

法定社区又被称为行政社区，它通常是政府出于行政管理的需要人为划定的。按照法律的要求，法定社区会被划分为不同的统治区域和社会群体组织，这实际上是国家对于基层社会的一种组织形式，也是政府管理力量的重要表现形式。法定社区通常有相对规范的行政管理机构，它是上级政府推动当地经济社会发展、落实社会管理政策的基层单位。需要注意的是，不少法定社区的划分是以自然地域为参照标准的，因此，就出现了自然社区与法定社区重合的现象。

3.虚拟社区

在人类进入互联网时代之后，虚拟社区开始出现。从本质上讲，虚拟社区不同于上述两种社区，它是一种以网络为媒介的非现实社区。虚拟社区的成员以网民为主，他们依托互联网在网络空间中可以进行实时的社会互动，有的甚至可以形成具有文化认同的共同体以及线下活动场所。当然，虚拟社区与现实社区也有相似之处，它具有传播、通信、聊天等多种社会性很强的功能，还可以开展像现实社会一样的社会互动。不可否认的是，虚拟社区所具有的非地域性、匿名性等特征，大大拓展了人类的活动空间。

二、根据地理区域划分社区类型

将地理区域作为社区类型的划分标准，是一种传统的社区类型划分方式，也是当前社区类型划分中相对较为常见的一种方式。社区一词从诞生之日起就具有共同体的意味，一些人聚集在一起占据一个地理区域，并在这片区域中从事经济、政治、文化等各种活动，从而形成具有某些共同价值标准和社会习俗规范的基本社会单位。

1.农村社区

农村社区通常是以农业生产为主要生产手段形成的地理区域，这类社区的结构较为简单，物质生活相对较为单薄。

2.都市社区

都市社区通常是由各种从事非农业生产活动的人群组成的地理区域，物质要素较为齐全，管理水平也相对较高。

3.集镇社区

集镇社区通常是由从事农业生产劳动和不从事农业生产劳动的人群共同组成的地理区域，它的人口结构与都市较为接近，但心理特征仍然带有农村社区的痕迹，物质生活条件介于上述两类社区之间，属于一种典型的过渡型社区。

黎熙元是这一划分方式的最早提倡者之一，这种对社区的划分方式，一大好处就在于，它具有较强的开放性与包容性。主要原因在于，它没有将社区死板地划分为三种固定的类型，而是将社区研究的对象定位到与地理区域密切相关的社会关系上。从现实生活来看，这些社会关系大多处于“农村—都市连续统”的某一个节点之上。在这一层面上，如果将社区划分为农村、都市和集镇三种类型，也就几乎囊括了现实生活中所有类型的社区。

三、根据规模大小划分社区类型

按照社会学的观点，社区的规模实际上涉及社区的划分以及社区的规划等问题。社会学一般认为，最小的社区是家庭或夫妻共同体，稍微大点的社区是邻里自治的村落，而最大的社区应该是拥有共同习俗和语言文化的小城市共同体。从理论上看，社区最小可以由两个异性组成，最大则没有上限，唯一的前提条件在于能够不依赖外界因素独立进行人口和经济的再生产。在不断的发展过程中，社区往往会形成不同的规模，从而呈现出一种社区规模多样化的形态。人口数量的多少、地域面积的大小、服务范围的宽窄等是衡量社区规模的重要指标，其中人口数量是衡量社区规模最重要的指标。通常来说，规模越大的社区，人口数量越多，地域面积越大，服务范围也越宽；相反，规模越小的社区，人口数量越少，地域面积越小，服务范围也越窄。根据社区规模的这一分类标准，可以把我国的社区划分为巨型社区、大型社区、中型社区、小型社区和微型社区五种类型。

第三节 社区治理的必要性与原则

社区首先是一个社会学概念。社区的存在为实现社会服务提供了基本的单元和渠道。社区是民众认识社会、参与社会生活实践的第一场所，也是民众实现公民参与、学习参与的首要场所，更是走向更广泛意义的社区民主政治生活舞台的起点。本书所研究的社区是指聚集在一定地域范围内的社会群体和社会组织根据一套规范和制度结合而成的社会实体，是一个地域性社会生活共同体，特指经过城市基层社会管理体制改革后，通过调整而划定的辖区。

治理的概念最初是在20世纪90年代的“新公共管理”中用到的。同一时期，网络在政策制定与协调中的重要影响日益凸显出来。一方面，政府需要借助网络；另一方面，政府在公共管理的传

统官僚等级中被附加为一种条件。“社区”在治理语境中常被用为行政地域单位，更多的是指一种新的城市行政管理地域单元。

一、社区治理的必要性

1.现实层面的时代诉求

与全球治理、民族国家治理以及地方治理一样，发展社区治理的首要原因就在于政府和市场的双重失灵。政府失灵主要是指政府在行使管理职能的过程中出现的公共政策失效、公共产品低效供给、组织结构庞大臃肿、寻租行为滋生等方面的问题，市场失灵则主要是指在资源配置的某些领域完全依靠市场机制的作用无法达到帕累托最优状态。简而言之，对于社区范围内的某些关键的环节、领域，政府和市场可能都无法发挥有效的管理与调节作用，而与此相反，通过社区治理则能够做到许多政府与市场做不到的事情。

与政府和市场相比，社区本身掌握着更多关于社区成员行为、能力以及需求等方面的信息，这样，社区治理就可以利用这些分散的与社区成员相关的私人信息，并根据社区成员是否遵守社会规范，来对其进行相应的奖励或者处罚。社区治理中成员之间的互动具有较高的频率，长此以往，有利于形成利益互惠的机制；而且，社区治理可以减少管理中的短期行为，有效降低管理的成本。发展社区治理是经济社会发展的时代诉求。在当前阶段，推动社区的治理化已经刻不容缓。

2.政策层面的迫切需要

国家治理体系是一个包含了政治治理、经济治理、社会治理、文化治理、生态治理、政党治理、社会治理等多个领域的治理制度体系。公共服务与社会管理向基层社区的下沉，反映了当前中国社会治理的一种新趋势，这一趋势称为“社会治理的社区化”。随着工业化和城市化的发展，沉睡的“社区”已经被唤醒，从单位制和街居制过渡到社区制，已经成为中国微观社会治理的必然趋势。

随着经济社会的发展，传统的单位体制不断弱化，而单位所具有的社会职能逐渐呈现出一种外溢的状态。而且，我国农村与城市的人口结构都已发生巨大变化，单位体制外的社会空间也有不断扩大的趋势。另外，居民对于社区的公共需求、互助需求、关怀需求不断增长，而作为利益共同体的社区也对利益聚合与表达产生较大的需求，同时，在我国全面推进小康社会建设的进程中，居民对于社会环境、社区文化、社区服务的要求也日益提高，这一切都对社区治理的施行起着重要的推动作用。

二、社区治理的原则

社区治理所包含的最基本的价值观念是社区居民利益的主体性和本位性。从社区公共决策及执行必须符合社区的整体利益和最大利益出发，社区治理主要包含以下六个原则。

第一，地方政府应当更加关注地区的整体福利。

第二，地方政府在社区治理中的角色，只能根据它是否贴近社区和社区市民、是否使他们增权来评判。

第三，地方政府必须承认其公共、私人、志愿组织的贡献，其职责在于促进而不是控制。

第四，地方政府应当保证社区的资源充分用于本地区的发展。

第五，为了最好地利用这些资源，地方政府需要认真考察如何

才能最大限度地满足居民的需要，因地制宜采取实施办法。

第六，要证明自己的领导能力，地方政府必须了解、协调和平衡各种利益关系。

第四节 社区治理的类型与方法

一、社区治理的类型

无论是从西方来看，还是从我国来看，社区治理的实践探索都已进行了多年，也形成了不同特点的社区治理经验。但从总体上看，社区治理的基本模式主要包括政府主导型、社区自治型以及合作共治型三种。

1.政府主导型模式

政府主导型模式是一种相对较为传统的社区治理模式，最常见于一些发展中新型工业化国家和地区。改革开放以来，随着社区的逐步建立与发展，政府主导型社区治理模式一度成为我国主要的社区治理模式。在这种模式之下，政府通过街道办事处对社区采取直接的行政干预。社区居民委员会虽然在名义上是一种自治组织，但实际上也是政府行政权力在社区的一种延伸，它也被纳入行政管理体系之中。在我国社区组织发育不良，尤其是社区建设的起步阶段，政府起到了重要的促进作用。

近年来，随着社区组织的不断成熟与完善，社区服务、社区环境、社区文化等社区建设的各个方面都取得了显著的进步，传统的行政主导型社区治理模式已经越来越不能适应现代社区治理发展的趋势。政府主导型的社区治理模式因其工作机制，在效率和可持续发展方面存在问题，而不利于社区的发展走向。第一，行政机制的基本原则是下级服从上级，在操作过程中流程繁复，管理成本太高，社区建设项目往往脱离社区实际需要和能力；第二，领导人的能力和品质影响社区的发展，难以保证其可持续性。同时，强大的政府行政力量会挤压其他社区组织生存的空间，导致其他组织无法有效地参与社区治理，社区居民只能被动地接受与服从，也不能广泛参与到社区治理中来。因此，我们需要对传统的政府主导型社区治理模式进行大刀阔斧的改革，从而更好地适应现代社区治理的时代发展趋势。

2.社区自治型模式

社区自治型模式也是一种典型的社区治理模式，这种治理模式最常见于较为发达的西方国家。通常来说，实行这种社区治理模式的国家或地区具有较为健全的市场经济，有比较浓厚的民主与法制传统。近年来，随着我国经济社会的不断发展，也已经有地区推行了这种社区自治型治理模式。社区自治型治理模式的典型特点在于政府与社区治理行为的相对分离。

随着社区组织逐渐成为基层社会组织的主体，以及强国家与强社会关系模式的逐渐确立，我国也逐渐开始了社区自治型治理模式的探索。与国外类似，这是一种政府依法行政、社区自主治理、居民志愿参与的社区治理新模式。在这种模式之下，社区居民委员会成为处理公共事务的主体，社区居民代表大会以及业主自发成立的业主委员会成为社区自治过程中的监督主体。而原有的街道办事处不再发挥主导性的作用，权力得以进一步下放，街道办事处协助社区居委会开展对公共事务的管理，并且提供各种服务机制。同时，

社区自治型治理模式还强调公共服务与产品自主供给机制的再生产。

3.合作共治型模式

合作共治型治理模式是一种介于政府主导型治理模式与社区自治型治理模式之间的模式。由于这种模式能够将政府主导与社区自治各自的优势结合起来，符合世界社区治理的发展趋势，所以近年来越来越受到各国的青睐。

在我国，这种合作共治型社区治理模式尚未得到有效的推广，但是从长远来看，这种合作共治型社区治理模式是符合现代治理理念的。就我国现阶段而言，它也是一种适合广泛采用的社区治理模式。实际上，在现代社区治理中，仅仅依靠政府的行政管理或者社区的自治都很难实现有效的治理。如果仍然如往常一样强调政府在社区治理中的主导作用，那么社区治理过度行政化的趋势将无法得到有效扭转。为了更好地开展社区治理，有必要培育社区治理的多元组织，发挥多元组织在社区治理中的各种优势。社区治理中的多元组织都具有有限资源、有限权力和有限影响的不足，存在相互依赖、相互制约、相互中介的关系，这种多元中心秩序可以较好地避免个别组织过度追求特殊利益而对社区普遍利益的损害。由此看来，加强政府与各种自治组织在社区治理中的合作、大力推广合作共治的社区治理模式是我国社区治理的大势所趋。

二、社区治理的方法

一般来说，社区治理的方法主要有行政改革推进法、社区问题分析法、社区民主协商法等。

1.行政改革推进法

在目前我国社区治理中政府仍然居于主导地位的情况下，进一步深化社会管理体制改革，通过行政改革理顺基层社会体制，逐步变行政主体为社会主体，完善社区居民自治，既是社区治理走向成熟的基本步骤，也是我国社会主义市场经济条件下改进党和政府工作方式的重要内容。

在基层社会管理的运作方式上，传统的自上而下的管理模式不仅会遏制居民参与的积极性，而且难以适应各种差异和变化的局面，造成管理的效率低下，逐渐演化为社区发展的绊脚石。在成熟的社区治理运作方式上，居民是社区治理最主要的主体，社区居民的参与取代行政推动，社区治理的常态是自治型而不是行政主导型，社区各类主体所展开的生动活泼的管理活动应成为社区治理的主流。

通过深化行政管理体制改革，将涉及社区的各类主体重新进行功能定位，合理分工，各司其职，可以避免职能交叉重复，使管理陷入混乱局面。行政改革推进法是我国社会转型期推进社区治理的关键步骤和基本方法。

2.社区问题分析法

有人的地方就有不同的利益和需求，利益和需求不一致就容易造成矛盾和冲突。在社区内外，矛盾和冲突积累到一定程度就会产生社区问题。社区问题的存在是一种正常的社会现象，如果处理不好会引发社区突发事件，对社会秩序造成破坏，进而危害社会稳定。通过调查、观察、访谈、信访等常规方式和社区风险识别、评估和控制等科学方法，预测社区问题、发现社区问题和解决社区问题，有助于改进社区治理方式，促进和谐社区建设。

3.社区民主协商法

社区民主协商或磋商制是一种非常有效的社区治理方法，这种方法的主要精神在于：凡是涉及民众切身利益的公共决策，须由公民进行讨论和争辩，通过不同意见的对话和协商，最后达成妥协和共识。

社区民主协商机制和过程的表现形式主要有民主听证会等，它通过主体各方平等对话，在充分阐明自己立场的基础上，根据他人的意见来调整自己的立场，通过一定的妥协来达成共识，体现了社区决策的民主化和科学化，在充分尊重民意的基础上增强了社区决策的可接受性，降低了决策后的执行阻力，从而实现共赢的局面。这种方法能够让社区居民有机会、有渠道发表意见和提出建议，真正参与到决策过程中来，也充分展现了民主精神和集体决策的精神，是构成全体参与管理的一种程序和方法，也是形成社区整合力和凝聚力的一个积极因素。

第二章 社区治理与民主自治的运行

第一节 社区治理的组织结构

社区治理在根本上有别于社区管理，它强调在治理过程中多元主体的积极参与，且每一治理主体各司其职、有序合作，从而有效提高社区治理的效率。为了达成善治的社区治理目标，政府组织、营利组织以及非营利组织都应该明确自身的角色定位。

一、社区治理中的政府组织

政府是指国家进行阶级统治和社会管理的机关，是国家表达意志、发布命令和处理事务的机关。我国宪法中所说的政府，就是指一个国家的中央和地方行政机关。政府组织不但包括广泛意义上的政府，也包括一些实际上发挥着政府职能作用的组织。在社区治理中，政府组织主要承担着“元治理”的角色。社区治理并不是完美无瑕的，也可能会出现失效的现象，这就需要更好地发挥政府组织在社区治理中的“元治理”角色作用。具体来说，政府在社区治理中主要扮演着以下角色。

1.社区建设的指导者

在社区建设的指导方面，政府主要通过对社区建设进行宏观规划以及制定相关的政策法规来发挥作用。科学正确的社区规划对于社区各方面的有效运行具有重要的价值与意义。为了更好地规划社区，政府组织应该根据社区的实际情况，遵循社区治理的规律，在组织人力和物力对社区状况进行充分调查的基础上，制定科学、长远而可持续的社区规划方案。需要注意的是，政府在规划社区的时候立足点要高于社区，从地方建设全局的高度来统筹规划。在政策法规的制定方面，由于我国社区治理尚处于起步阶段，因此需要制定一系列政策法规，从而为社区治理提供健康的法律环境。在完善社区法律制度的同时，也要制定具体的社区法规。

2.公民社会的培育者

社区治理是培育公民社会的过程。在这一过程中，政府组织发挥着重要的培育者角色作用。具体来说，主要包括培育社区居民的公民参与意识，以及健全社区自治组织体系。在公民社会，公民参与是社会有效运行的重要基础。对于社区治理而言，如果没有社区居民的广泛参与，它就将成为“无源之水”“无本之木”。为此，政府组织要积极培育社区居民的社区意识、公共理念以及自治理念。政府组织要努力让社区居民意识到自己是社区公共事务管理的一分子，有义务为了社区居民的共同利益以及社区的长远发展贡献自己的一份力量。现有的社区自治组织已经远远落后于社区治理的进程，这就需要政府组织对社区自治组织进行充分的改革与创新。

3.社会资源的整合者

社会资源的匮乏与不足是影响社区治理的重要因素，如果没有经济上的足够支持，社区治理将会举步维艰。在社会资源的提供方面，社区本身的人力、物力与财力是十分有限的，这就需要充分发

挥政府组织在社会资源整合方面的作用。一般来说，政府组织拥有雄厚的资金资源，也具有调度与整合社会资源的权力和能力。具体来说，政府对社会资源的整合主要包括两个方面：一是财力资源的支持；二是组织关系的协调。

政府组织为社区治理提供财力资源支持的方式是多种多样的，在社区软硬件建设方面，可以采取直接拨款的方式支持，也可以发动多方社会力量，为社区的建设与发展募集资金，拓宽筹资渠道。社区内包含着各种组织，包括党组织、居民委员会、非营利组织等，各组织之间也会产生利益不协调的现象，甚至发生利益的纠纷与冲突，此时就需要政府发挥协调作用，尤其是在社会资源的分配方面做到公平公正。

在社区治理过程中，政府组织需要注意角色的迷失问题。一方面，政府组织要避免过度的行政化；另一方面，要避免可能出现的全能化。过度的行政化主要是指政府组织在社区治理中过于强硬，主导作用发挥得太过“突出”，这就容易造成社区治理中的主客体失位。政府组织必须要认识到，其自身并不是社区治理的唯一主体，而只是社区治理中的一环。在社区治理过程中，政府组织不能侵犯或者吞噬其他治理主体的利益或社区的公共利益。

为了避免可能出现的全能化趋势，政府组织尤其要学会放权。放权要注意以下四个方面。

第一，注意把资源权利向受益群体或者目标群体倾斜，尽可能地推动社区形成受益者自主实施管理的局面。

第二，注意围绕转变政府职能、改善政府管理来实现放权。

第三，注意适度放权，避免过度放权或放权不足。

第四，放权后要加强支持和强化监管，为改善社区治理保驾护航。

总而言之，政府组织在社区治理中只有发挥好“元治理”的角色作用，做好该做的事情，才能更好地促进社区治理良性组织结构的形成与发展。

二、社区治理中的营利组织

在我国，营利组织一般是指经工商行政管理机构核准登记注册的以营利为目的，自主经营、独立核算、自负盈亏的具有独立法人资格的单位，如企业、公司及其他各种经营性事业单位。在社区治理中，营利组织承担着重要的参与者角色。

自从我国逐步建立社会主义市场经济体制以来，营利组织与社区之间的关系就变得日益密切起来。社会主义市场经济体制的建立，在开发社会需求以及保证社会供给两个方面推动了我国经济社会组织的变革。在社会主义市场经济环境下，营利组织作为以营利为主要目的的组织，必然会追逐更多的利益，争取应有的利润空间，这是营利组织的本质所在。

但是对于经济利润的追求，也不能忽视营利组织与社会发展相关的一面。在营利组织运行的过程中，必然会产生大量的事务性、社会性的工作，而这些工作往往是营利组织自身无法独立完成的，需要将其移交给所在或者所服务的社区来承担。原因在于，此类工作不可能再像计划经济体制下那样由营利组织自己兴办的各种服务设施来承担。因此，营利组织的良好运行依赖于社区为其提供的生产、工作与生活环境，也依赖于社区为其提供的各种服务。随着与社区联系的不断发展，营利组织也逐渐参与到社区治理中来，具体

而言，主要扮演着以下两种角色。

1.社区公共产品的供给者

在社区治理过程中，营利组织可以通过提供社区所需要的资源与服务来扮演供给者的角色。如果营利组织的品牌在社区建立起来，就会受到社区居民的青睐。在社区治理中，物业管理机构、商店、电信、有线电视、银行、邮政服务机构等营利组织，在利润目标的刺激下都在挖掘和迎合居民的消费需求，它以金钱为纽带、通过互惠互利的方式参与社区治理过程，同时也会以志愿服务的组织形式为社区提供扶贫济困的公益服务，如果加以引导，企业公民在社区治理中人力物力财力支持方面将发挥不可忽视的作用。

与政府组织相比，营利组织在公共产品与服务供给方面往往更具竞争性和效率，主要以参股或者入股的方式直接参与公共产品的供给。对于政府而言，想要充分发挥营利组织参与社区治理的积极性，必须在产权界定的基础上保护营利组织的剩余索取权，并给予其一定的财政补贴。长此以往，对于提高公共产品的生产绩效，降低其生产成本，无疑将具有重要的现实意义。

2.政府、市场以及社区之间的沟通者

在社区治理中，营利组织还可以充当政府、市场以及社区之间的沟通者角色。随着我国由社会主义计划经济体制向社会主义市场经济体制的转型，政府的经济社会管理职能也发生了巨大的变化。原先计划经济体制下的全能政府逐渐转变为市场经济体制下的有限责任政府。在这一转型过程中，“小政府、大社会”的管理模式逐渐得以形成。

随着转型的逐步深入，许多原先由政府承担的社会职能从政府以及企业中逐渐剥离出来，这些剥离出来的职能只能由其他组织来承担。而营利组织作为重要的市场经济参与者，在这一过程中充当着政府与市场之间重要的沟通者角色。具体到社区治理中，营利组织通过协调政府与市场、社区与市场、政府与社区之间的关系，形成涉及各方利益主体的整合关系，从而发挥营利组织的桥梁和纽带作用。

具体来说，营利组织可以向政府、社区反映市场的建议和意见，从而为政府制定更多针对社区治理的政策法规提供参考，为社区更好地开展治理提供市场依据。此外，营利组织还可以将政府最新的政策引导以及社区居民的需求反馈给市场，从而促进市场经济的健康有序发展。

从以上对营利组织的分析可见，营利组织作为社区治理的重要参与者，在利用市场机制获取经济利润的同时，也要对社区治理承担起一定的责任，履行自身应尽的义务。营利组织参与社区治理作用的发挥是以“互利互惠、互荣共生”为原则的，可以说，营利组织参与社区治理对双方都是有好处的。营利组织在达成营利目标的基础上可以为社区治理提供更多优质的产品与服务，而社区也可以通过有效的治理为营利组织的正常运转提供有利的社区环境。为了实现善治的社区治理目标，营利组织必须竭尽所能为社区治理提供充足的财力、物力与人力支持，而社区也要为营利组织的生产与经营提供全方位的社区服务。

三、社区治理中的非营利组织

非营利组织也被称为第三部门，它与政府部门和企业部门共同

成为影响社区发展的三种主要力量。这类组织的目的不是产生利益，并参与利润的分配，这一点被认为是其核心特点。对我国而言，随着经济社会转型的不断深入、社区组织的不断壮大，以及社区治理水平的不断提高，非营利组织在社区治理中的独特作用逐渐凸显出来。总体来看，非营利组织在社区治理中主要扮演着三种角色。

1.社区治理的自组织者

作为自组织者的非营利组织在社区治理中主要发挥着自治的作用。对于更好地推进基层民主，非营利组织可以为社区居民参与社区自治提供一个良好的平台。在社区治理中，公民参与可以说是社区治理的灵魂。与政府组织和营利组织相比，非营利组织或多或少会涉及社区居民的自愿参与，这种社区居民的参与可以使社区内部成员之间形成非常亲密的关系。而且，这种关系是政府组织与营利组织无法提供的。另外，通过参与非营利组织，社区居民可以更好地管理自身的事务，维护社区居民共同的合法权益。

2.社会资本的创造者

社会资本主要是指与社会成员的信任、互惠以及合作等相关的一系列态度与价值观，以上组成要素也是社会资本的基本要素。在社区治理过程中，非营利组织可以成为社会资本的创造者。作为非营利组织发展的基本要义，社会资本的创造有助于协调各种利益关系，避免产生集体行动的困境，帮助社区形成更好的文化氛围。通过参与非营利组织，可以使社区居民形成凝聚感、向心力以及对社区的归属感。正因为如此，在非营利组织内部，如果社区居民之间产生矛盾，也相对较为容易化解。长此以往，社区居民之间会变得更加团结。

由于非营利组织所开展的很多活动都具有志愿性、公益性等特点，弘扬“我为人人、人人为我”的社会主义核心价值观，所以会在潜移默化之中对非营利组织的参与者产生熏陶作用，从而进一步促进社会资本的增加。

此外，非营利组织开展的很多活动都是文体娱乐活动，这是政府组织和营利组织所无法替代的。在参与这种非营利组织活动的过程中，社区居民的身心都可以得到锻炼，也可以增加与他人的交往，自身的社会资本同样会得到提高。

3.政府权力的监督者

在社区治理的理念之下，政府的职能发生了重大转变，政府的权力也将会受到更多的监督。现代民主政府的有效运转，除了需要体制内的监督之外，还需要体制外的监督，而这种监督主要来自公民。在对政府权力监督过程中，非营利组织可以发挥监督者角色的作用。

与政府相比，公民个人的力量是渺小的，但如果公民组织起来，集体参与到非营利组织中来，就能爆发出巨大的能量，成为规范政府权力的重要力量。只有这样，才能对政府的权力实现有效的制约。事实上，无论是与政府组织相比，还是与营利组织相比，非营利组织在权力监督方面都具有独特的优势。

总而言之，非营利组织在社区治理中无疑扮演着重要的角色。作为参与社区治理的重要力量，非营利组织具有政府组织以及营利组织所不能替代的独特功能。在社区治理实践中，如果能够充分发挥出非营利组织的作用，毫无疑问，社区治理的现代化水平将得到有效的提高。找准非营利组织在社区治理中的角色定位，这一点也

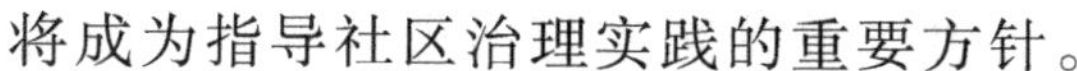

将成为指导社区治理实践的重要方针。

第二节 社区治理环境下的社区教育

“社区教育”是由“社区”和“教育”组合而成，但并不是两个概念的简单相加，而是在社区治理的大环境下，从社区居民的基本需要出发，协调各方力量将“教育”与“社区”进行有机整合，给社区教育注入新的活力，产生“1+1 > 2”的效果。在社区教育概念不断流变的过程中，其内涵也不断地被丰富和完善，越来越被世界各国所接受，成为现代国家教育发展的重要内容。

一、社区教育的认识与特征

总体来说，现代意义上的社区教育最先是从欧美一些国家兴起的。但是由于社区教育的历史与其他各种类型的教育相比较为短暂，再加上各国经济发展的情形不一，以及社区教育这一文化现象本身变化的灵活性，人们对于社区教育的认识经历着一个由浅入深、由表及里的过程。

1.社区教育的认识

（1）国外对社区教育的认识

一是将社区教育界定为“民众教育”。实行这一类型社区教育的国家主要以北欧各国为主，这一类型社区教育的主要特点是以各级各类民众中学为教育载体，紧密联系地方和社区，通过对广大民众进行爱国教育，传授有用的知识和技能，借以提高国民的素质，体现福利国家的特征。具体而言，是指借助教育的力量，使社区民众在社区教育的熏陶下，自觉地通过教育来参与促进社区政治、经济、文化、生活发展的实践活动。

二是将社区教育界定为“社会教育”。将社区教育理解为社会教育，主要包括在日常生活中所需的知识与技能、个人的业余爱好以及自我完善等方面内容的教育，此观点在日本尤为突出。

三是将社区教育界定为“非正规性的教育”。此观点以英美两国为代表，一般认为，社区教育的对象是以整个社区为据点的各个年龄阶段、各种职业的群体。社区教育的内容包括组织社区居民学习系统的科学文化知识，同时充分利用各级各类教育资源对其进行职业指导、职业培训等，为学历教育和非学历教育提供服务，旨在提高社区成员的整体素质以及生活质量。但从实践活动和理论研究的情况来看，其主要是作为正规学校教育之外的非正规性的教育形式存在，以促进社区乃至社会经济的发展。

（2）国内对社区教育的认识

国内对于社区教育内涵的定位存在多元性。我国的专家学者结合社会学、教育学等多学科视角，多切口地对社区教育的本质进行了界定。

本质是指事物的根本性质。事物的本质属性，是对该事物质的规定性。研究现代社区教育的本质，也应从这个基本观点出发。社区教育的本质主要包括以下三个特点。

第一，社区教育的服务范围是社区。社区教育具有特定的服务空间，体现出区域性的特点，将社区教育与学校教育区分开来。社区教育是为满足社会发展的需要，为社区的全体成员提供服务。

第二，社区教育仍属于教育的范畴，是学校教育与社会教育的有机结合。社区教育以社区学校为载体为社区民众提供服务，是一种组织化的教育形式。

第三，社区教育是学校、家庭、社会各种教育力量的协同教育活动，是一种“教育综合体”。社区教育是一个特殊形态的“生活圈”，是人们终身学习，学会做人做事，实现人的社会化的大学校。

2.社区教育的基本特征

现代社区教育的基本特征是其他教育体系所不具有的，综合上述各种特性，下面将从社区教育的对象、内容、资源、方式、性质、目标、效果等七个方面予以归纳阐述。

（1）社区教育对象全员化

社区教育的“全员性”和“全程性”是其区别于其他各类教育的最基本特点。全员性即社区教育的参与者是社区的全体成员，不分性别、年龄、职业。从年龄划分，包括婴幼儿、青少年、中年以及老年等各个年龄段的人群；从社群划分，更确切地说是那些没有“单位”作为依托的“社会人”，多指社会中的弱势群体，包括外来务工者、低保贫困者、下岗失业人群以及残疾人群等。社区教育关注每个人的学习需求，因而在社区教育中每个人都有接受教育的权利，人人都是受教育者。

（2）社区教育内容生活化

社区教育同生活密不可分，它是通过对实践活动的去粗取精升华所得的理论结晶，在性质上凸显其生活性。一方面，要考虑促进人的德智体美劳全面发展；另一方面还要强调有利于社区发展和凸显本土特色。社区教育融入生活，也就具有了生活的真实性和实用性的特点，应用于生活，服务于生活。教育内容包括婴幼儿教育、青少年校外教育、在职人员和下岗职工的培训、提高弱势群体的生存技能教育、老年人群的社会文化教育和活动等，形式宽泛，种类繁多，包括科学文化类、文明素质类、教育培训类、科普类、文体活动类等。诞生于生活土壤的社区教育具有人性化的特点，能够根据生活的变化，及时进行调整和修正，不断丰富自己的内涵。同时，社区教育生活化不仅注重理论的教育，还重视将理论付诸实践，充分调动社区全员的主动性和积极性。

（3）社区教育资源共享化

随着城镇化建设速度的加快，城市化原则使得传统的乡村交往原则发生了根本的变化。人口跨区域流动频繁，大量农村人口流入城市，开放性的居民居住方式兴起。人们的交往不再受时间和空间的限制，特别是随着现代通信和交通工具的发展，社区与社区之间的距离大大缩短。

此外，随着信息化概念的提出和美国“信息高速公路”计划的施行，教育信息化浪潮席卷全球，实实在在地影响着人类社会生活的所有领域，如政治、经济、文化等。至此，教育资源的高效开放、利用和共享成为现今社会的重要议题。这在很大程度上影响了社区教育资源的共享发展，社区教育作为特定的“区域空间”，实行区域间的资源共享共建，不仅在一定程度上降低了资源分配不均的问题，打破了区域间的传统交往模式，消除了“数字鸿沟”，而且还使资源利用最大化，降低资源建设的成本，避免资源的重复开发，充分实现了资源的应用价值以及经济效益。

（4）社区教育方式灵活化

社区教育是为社区全体成员服务的，面向社区群众，关心社会问题。为社区全体成员服务，已成为社区中心化变革最具有生命力的内核。社区教育对象的不同决定了社区教育方式的灵活化特征，它的产生和发展反映了一些群体特殊的教育需求，将教育活动作为日常工作，有常年开放的设施和专门配备的辅导人员。由于自然和社会的原因，每个个体的身体和能力、地位和收入、文化和职业、性别和年龄等方面都存在一定的差异。差异是人的本然状态，正因为人的个体差异性，所以整齐划一的同质性教育并非适合社区教育。

社区教育是适合社区每个个体成长需求的教育，既尊重教育规律，又尊重个体成长成才的规律；既重视知识理论的学习，又重视能力的培养、人格的修养和身心健康的发展；既关注个体现在的表现，也关注他们的长远发展。社区教育是面向人人的教育，其多样性和个别化的特征，为不同年龄、不同性别、不同身份的学习者提供了相应的学习机会和成才机会。根据教育对象和教育内容的不同而开展社区教育，激发了学习者的天性，学习者才能够尽情发挥，才能够轻松快乐并运用自如。而且，社区教育符合特定的“适才教育”原则，对于有特定教育需求的社区成员来说，其方式的灵活化能够有效满足其生活、工作以及自己发展的需要。

（5）社区教育性质公益化

社区教育以面向社区成员、社区发展为本位，是一种为促进社区发展、提高社区成员的整体素质、满足社区发展需要而进行的教育。社区教育作为教育大系统中的一个小系统，公益性是其内在属性。

第一，社区教育符合社会公共利益。社区教育立足社区、依靠社区、服务社区，为促进社区发展服务。社区教育活动的开展，是以社区可持续发展服务为其出发点和归宿，和其他类型的教育一样，通过培养社会所需要的人才从而增加社会公益与福利，满足符合社会公共利益的公益性要求。

第二，社区教育不以营利为目的。社区教育的本质是育人，其最终的教育目的是培养高素质的人，为社会服务。若社区教育以营利为目的，必然会导致一部分举办者因过分追求经济利益而不惜牺牲教育质量，以利润最大化为目的取代教育的育人目的，这样势必会丧失社区教育的基本使命。

第三，社区教育追求平等。平等是公益性教育所追求的最终社会目标之一，全体社区成员在社区教育中共同平均地享有社区教育的资源，社区内的全体成员都享有平等的受教育权利。社区教育帮助社区群体去感知、体验生活，从而获得成长中必不可少的经验，有着学校教育所无法替代的作用，具有独特的育人价值。

（6）社区教育目标具体化

社区教育从宽泛的“为社区的发展建设服务”的教育目的出发，根据学科内容、课时安排、实施对象等逐步分解成不同的层次，同时按照分类学的方法，将每一层次的教育目标分成不同领域，既有以提高学习者全面素质为目标的成人学历教育，也有为提高在校学生实践和创新能力的校外教育，更多的是面向各个年龄段人群的以提高公民素质为目标的社会文化生活教育。

此外，社区教育还始终坚持把“以人为本”的教育理念贯彻其中。人本化的教育理念主要体现在促进人的全面发展、不断发展。因此，社区教育为了促进社区群体的全面发展，在教育目标设计方面坚持大力提高居民的劳动技能，在满足居民生存、发展需求的基础上，加强对理想、道德、价值观的培育，性格、性情的养成等道德教育，以及丰富的生活技巧和闲暇教育等，使居民在生理健康、心理素质、知识技能等方面得到全面发展，力争在德智体美劳与社

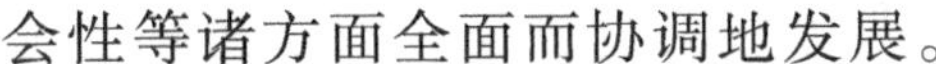

会性等诸方面全面而协调地发展。

（7）社区教育效果在地化

社区教育立足于社区、服务于社区，其效果也体现在社区发展中。首先，社区教育决定着社区科学发展的方向，社区教育正是把科学技术传递给社区经济建设者和社区成员的重要手段，也是使潜在生产力转化为现实生产力，不断提高社区经济发展和自主创新能力的重要场所。其次，社区作为国家行政管理中的最小单元，其安定团结关系到整个社会的稳定。社区通过文化组织活动，对社区成员进行道德教育、社会主义核心价值观教育，不仅有利于社区成员树立社会主义法治观念，有利于社区成员之间的情感沟通，还能增强社区的凝聚力，强化社区成员的归属感，促使他们自觉地投身社区建设，维护社区的繁荣稳定。

二、社区教育的发展阶段

1.社区教育的兴起萌芽时期

任何一种新事物的兴起与发展都有其客观存在的社会背景，社区教育也不例外。现代社区教育源于欧洲，深受18世纪以英国蒸汽机的发明和应用为标志的工业革命的影响。从18世纪中叶开始人类进入工业社会，工业社会时代的到来，开启了人类社会科学与技术高速发展的全新时代，引发了一系列的社会变革，社会生产力由此以农业社会无可比拟的规模和速度持续增长，带来了对适应机器大生产的劳动者的需求，绝大多数农村劳动者开始向城市迁移。工业革命对劳动者需求急剧增大的同时，对劳动者的科学文化知识的需求也逐渐提升。一系列的社会变革使得人与人、人与社会之间的多重关系重新裂变、聚合和消长。

在农业社会中，由于受自然条件制约，人们主要通过生产劳动、家庭生活、乡规民约以及父子相传等形式传授简单的生产劳动和文化知识，且大多从事简单的机械运动。这种封闭、保守的教育形式已不能适应工业社会的形式化、组织化的时代特征，科学技术作为第一生产力的作用凸显，人们不断地发现自然规律并加以运用来提高物质生活水平。经济的增长一方面要求越来越多的劳动者必须具备一定的知识与技能；另一方面，科学技术的飞速发展迫使劳动者处于不断获取新知识、新技术、新技能的状态之中，因而教育成为不可忽视的重要举措。

白贝克在1795年创立英国工艺社，最初的目的是通过向社区内的工人免费传授科学应用知识，提高劳动者操作机器的能力。随后，空想社会主义者欧文在1800年管理新拉纳克超过千人的工厂时，创办“性格培养学院”服务于工厂的员工和儿童，成为改造当地社会环境的重要措施。在物质生活水平提高的同时，人们开始追求精神生活的满足。1826年，贺伯柯连同乔赛亚·霍尔布鲁克在美国马萨诸塞州设立公共讲演社并发起学园运动，通过推广知识，解决公众关心的问题，更重要的是使公民掌握基本知识，学会做人的行为准则，丰富公民的精神生活。到1836年，类似的讲演社、学园等已发展至3000多所，这些都成为最早的社区教育的雏形。

2.社区教育的初步发展时期

在这一时期，社会生产力水平得到了极大提高，人类城市化进程不断加快，社会组织与机构迅速扩大与重组，人类自身意识和觉悟不断深化。整个教育领域也发生着巨大的变革，例如义务教育的出现、基础教育的逐渐普及、社区教育需求不断提高及其内涵的提升。社区成员为了适应社会经济发展的变迁，开始寻求新的社区教育形式。

直接推动社区教育发展的动因主要包括：第一，适应移民运动和城市化进程的需要；第二，教育机会均等、教育民主化的口号受到普遍的认同，教育对象扩大；第三，传统学校教育理念被打破，以非正式、非组织化为基本特征的自然性社区教育逐渐向有组织、有形式、有实体的制度化、正规化、组织化的社区教育形态转变。

1844年第一所免费的民众高等学校在丹麦的罗亭创立，开创了社区教育发展的先河。这种以社区学校为基本形态的社区教育，建立了以教学为目的的民众教育组织，它的创设稳固了北欧民众中学的地位，此后被各国所借鉴。

1896年，美国社区学院的雏形——第一所初级学院诞生，成为美国社区教育的前身。到20世纪30年代之后，美国已经出现社区教育，提倡社区是教育的基础这一理念。尤其是1945年之后，联合国为推动经济的快速增长、社会发展水平的飞跃，极力倡导“社区发展”，借以实现推动经济发展和社会进步的目的。1952年，联合国正式成立社区组织与社区发展小组，主要负责推广世界各地的社区发展运动，并于1955年发布文件《通过社区发展促进社会进步》，明确社区教育在社区发展中的重要地位和作用。在联合国的社区组织与社区发展小组推动下，社区教育开始在欧美等国家迅速推广。主要以地方政府、劳动联盟、大众传播机构、教会等为创办主体，与学校合作或独立成立各式各样的社区教育组织并开展活动，如讨论会、夜校、俱乐部、社区教育服务中心、休闲中心、讲演会等。

3.社区教育的蓬勃发展时期

1976年，联合国教科文组织通过了《关于成人教育发展的报告》，该报告明确表示社区教育的发展目的是更好地构建终身教育体系。各国依托大学或学院对社区全员进行社区教育活动，通过开展社区教育或成人教育等方式来提高社区成员的素质。国外也充分地意识到社区教育在构建终身教育体系方面所做出的巨大贡献，因此相继采取了许多措施来促进社区教育的发展。如美国对社区教育积极干预，在20世纪90年代，不少联邦法案如《美国2000年教育目标法》《学校与就业会法》等都提到了如何发展社区教育。

为满足社区全体成员日益增长的终身学习需要，不断推进社区教育深入发展，各国社区教育采取多元化的实施方式，既采用正规的教育形式，又采用非正规的教育形式。比如北欧国家以及德国的民众高等学校、英国的“社区计划信息网”与社区学校、北美国家的社区学院、日本的公民馆等，他们的社区教育活动，都是以专门的社区教育组织为基础开展的。美国是当今世界上社区教育发展水平较高的国家之一，其本质特征是使教育社会化与社会教育化达到统一。通过建立社区学院来开展社区教育，通过社区学院来推进社区教育的发展。在社区教育越来越深入发展的阶段，其主要目的是构建终身教育体系。社区教育越来越向管理法规化和制度化、对象全民化、形式多样化、水平专业化方向发展。

三、社区教育的作用

1.社区教育与人的发展

（1）教育目标以人为本——提高素质，全面发展

就价值观角度而言，社区教育作为培养人的社会活动，强调的是教育的本体价值，即培养人主动接受知识、学会认知，掌握生存和发展的技能，最重要的是能够学会学习，挖掘自身潜在的创造力，促进社区全体成员的全面发展和整体发展，并为其创造良好的环境和条件。通过与学校、社会组织和企业之间的合作，整合一切教育资源，使得社区内的全体成员享受平等的受教育机会，达到人人学习、处处学习、时时学习，最终实现自我素质的提升以及自我潜能的挖掘。

（2）教育内容以人为本——面对全员，针对需求

针对不同的社区成员需求，社区教育主要包含这些方面的内容：①针对转岗、待业人群。随着我国经济体制改革的深入以及产业结构的调整，转岗、待业人群增多，社区教育应提供职业培训，帮助转岗、下岗人群提高再就业能力。②针对老年人群。社区教育应针对老年人群举办娱乐活动，丰富老年人群的生活，为老年人尤其是退休人员提供医疗保健、文化教育等，提高老年人的生活质量。③针对闲暇时间较多的人群。随着每周双休制的推行以及节假日的延长，为其营造一个良好的集休闲、娱乐、学习于一体的教育环境。④针对迁入城市的外来人口。日趋完善的政策环境、城市化进程的加剧，使得人口流动呈上升态势，大量农村人口涌入城市，遍布于各个社区。社区教育应为其提供基础文化知识、职业技能的相关培训，增强其社会适应能力和竞争力，使其迅速融入城市生

活。⑤针对“无单位”人群。自由职业的涌现，个体、私营的“无单位”人群逐渐增多，社区教育需要通过社区活动增强他们的社会认同感，为他们提供社会支持。除了传统文化、知识、技术方面的教育，社区教育应适应人们需求的变化，开设法制教育、生态文明教育、道德教育以及家政服务、健康活动等，不断充实完善，以满足人们日益增长的教育需求。

（3）教育形式以人为本——统筹协调，灵活多样

如今企业在招聘人才方面也开始注重职员的综合素质。而要从根本上提升国民的综合素质，就需要综合多样的教育形式，使年龄、性别、地区等背景不同的公民，都能随时随地找到适合自己的学习方式和学习机会，从而满足自己的学习需求。社区教育依托于社区而存在，内部强调充分挖掘社区中各个组织之间的教育功能，外部发挥社区教育的整合功能，使多种教育教学形式相互协调、补充，形成资源共享机制，从而满足成员的学习需求。社区教育集正规与非正规、正式与非正式教育于一身，进行一体化运作，突出了教育资源的共享，将教育从时间和空间上进行有机整合，形成了灵活多样的教育形式，实现教育的全方位开放，极大地激发了社区成员的学习动机，使其通过学习实现自身的价值。

2.社区教育与学习型社区

学习型社区建设既是构筑社区教育的主体内容，又是开展社区教育实践所追求的方向。学习型社区由学习型组织构成，学习型社区组织即是有机组合的、高度柔性的、扁平化的、能够持续发展的组织，包括三点要义：一是组织学习而非个人的学习；二是具有持续的学习力；三是通过学习实现组织整体的生存、发展与创新。

学习型社区的基本特征主要有：学校的终身性、教育的整合

性、资源的开放性、管理的自主性、组织的服务性、功能的全面性等。学习型社区的基本特征与社区教育的基本特征具有许多相通之处。这表明学习型社区与社区教育是两个既有区别又有联系的概念，它们都是在终身教育理念的指导下逐步发展起来的，具有共同的人本主义思想和学习观念。

（1）社区教育是学习型社区建设的先导

人的生存是一个无止境的完善过程和学习过程；人是一个未完成的动物，只有通过经常的学习，才能不断地完善自己。教育的目的在于使个体能够做到“自我肯定”“自我独立”，使我们能够成为“真正的自己”。学习型社区是一个为教育而充分动员的社区，是一个医治社区居民心灵困惑的场所，良好的社区教育能够保障社区的可持续发展。社区教育是学习型社区建设的初级阶段，社区成员参与社区建设、发展的积极性和自觉性，决定着学习型社区的凝聚力和社区成员的归属感。正确地引导和启发社区居民体验学习型社区的共同利益，产生强烈的学习意识，必须依赖于强有力的、灵活多样的社区教育活动。

（2）学习型社区是社区教育的高级阶段

从社区教育到学习型社区的建设，这一过程实现了两大突破：一是由教育到学习的突破。学习型社区中，社区居民由教育的对象转变为学习的主体，所有成员都能自觉地参与学习活动，学习型社区成员的权利和责任，成为一种主动的、自觉的学习行为。自我导向性学习成为主要的学习方式，学习个体和组织构成社区学习的主体，学习的意愿、需求、方式等都受到尊重，学习的积极性、创造性都得到不同程度的释放。二是从教育范畴到生存范畴的突破。学习不仅仅属于教育的范畴，而且可以转变为一种生存的方式，学习即生活，学习即生存。学习型社区作为高度综合化的社区教育，比社区教育覆盖的范围更广，涉及社区生活的方方面面。学习型社区必然有一个统一协调管理的机构，更强调各个构成要素的作用和相互联系。不仅要求社区内各个要素自身的学习化，而且更加强调各构成要素在这一社区整体中的团体力量，在学习型社区建设中发挥最大的合力。学习型社区相比较社区教育来说，将更加强调社区的可持续发展，注重各项管理体制、运行机制的完善，为社区学习持续、健康、规范地开展提供保障，进而使整个社区呈现人人是学习之人、时时是学习之机、处处是学习之所的浓厚的学习氛围。

3.社区教育与终身教育体系

从纵向角度来看，教育贯穿人的一生；从横向角度看，教育连接人与社会生活的各个方面。可以说，终身教育是社会生活中所有教育的统合，是一切正规、非正规教育活动的总和。

（1）社区教育与终身教育目标的一致性

社区教育与终身教育理念都强调基于个体的成长、发展过程，将教育融入社会大系统中，并使之成为社区成员共同享有的权利，营造人人皆学、时时能学、处处可学的学习氛围，最终实现改善生存环境、提升社会整体素质的目的。包含社区教育在内的学习型社区建设，将终身教育与社区教育有机地结合起来，为终身教育找到了良好的立足点和较好的组织形式。终身教育为社区教育提供理论指导，是社区教育的归宿；社区教育作为满足人们终身教育需要的承载形式，是终身教育的切入点和抓手。

（2）社区教育是实现终身教育的最佳形式

终身教育是信息化社会背景下产生的一种教育模式，是社会满足个人对学习的永恒要求，更是人类社会的进步。其基本特征包

括学习进程的终身性、学习模式的个性化、学习资源的共享化、学校手段的现代化、学习属性的社会化等。终身教育的基本特征，决定了学习活动与生活活动的相容性。这种教育模式兼具大众化、普及化、生活化的特性，将个体人生各个阶段的学习活动与该阶段的生活活动融为一体，使得教育的空间形式和组织形式突破传统教育的壁垒，从而将教育与家庭生活、职业生活紧密结合起来，使得教育的空间由学校拓展至家庭、单位、社区等社会中的每一角落。因此，终身教育是社区教育建设的重要目标。社区教育作为终身教育体系中的重要组成部分，其本质是一种教育与社区生活、社区发展融为一体的生活教育。个体在社区学习中以自身的成长和更好的生活为目标，以个人的发展带动社区的发展，社区教育的发展状态标志着全员终身教育的发展水平。因此社区教育是实现终身教育的最佳形式。

4.社区教育与和谐社会

构建和谐社会，是几千年来中国人一直追求的社会理想，这是一个长期、渐进的过程。“构建社会主义和谐社会”重大战略决策的提出，不仅丰富了中国特色社会主义理论的内涵，也为包括社区教育在内的社会主义先进文化建设开辟了广阔的天地。

（1）教育是构建和谐社会的基础

构建和谐社会，教育是基础。社区教育作为教育的重要组成部分，对和谐社会的构建产生了积极的影响。

第一，社区教育在构建和谐社会的进程中，将教育的价值引导功能与成员的社会生活有机结合，其具有的政治、文化、经济功能对和谐社会的构建起着全面的推动作用。其政治功能由社区教育的社会生活属性所决定。社区教育通过开展社会公德教育、法制教育、爱国主义教育等活动，有效促进社区培养有理想、有道德、有文化、有纪律的“四有”公民，有利于增强公民的法制意识，有利于公民遵纪守法以及社会的安定团结，进一步增进人与社会的和谐。其文化功能主要是指社区教育的人文功能，通过开展一系列的社区活动，促进社区成员身心全面发展，培养其合作精神、劳动技能等，促进人与人之间相互尊重、相互帮助的良好社会风气的形成，促进人际关系的和谐。其经济功能主要体现在，通过讲授科学文化知识，提高社区成员的知识与职业技能，把科学技术转化为生产力，提高劳动生产效率和工作效能，从而为社区的发展提供智力、技术的支持。

第二，社区教育独有的整合协调功能对构建和谐社会具有全面的促进作用。社区教育是面向街道、居委会、乡镇等社区全员，并渗透于社会各阶层的最直接的教育，具有整合协调各种社会关系的特征。首先，每周双休制的推行以及节假日的延长，使“单位人”向“社区人”转变。市场经济以及产业结构的调整，使得社会中行业企业的角色发生转变，社会事务从行业企业中剥离，转而移向社会，社区的协调功能随之加强。其次，自由职业的涌现，使得个体、私营的“无单位”人群逐渐增多，社区教育的辐射面逐渐扩大，社区教育需要通过社区活动增强他们的社会认同感，为他们提供社会支持，社区教育的整合功能相应增大。最后，随着信息化的不断发展，生活工作节奏加快，生活质量提高，居民对社区的依赖感、参与意识增强，社区教育的功能不断延伸扩大，在传播文化的同时，也能够调节社区成员的心态，促进居民自身的和谐和身心健康。因此，构建和谐社会需大力发展社区教育，提高国民的综合素质，促进人与自然、人与人、人与社会的和谐发展。

（2）构建和谐社会促进科学发展

社会是一个系统，每个社区成员都生活在纵横交错的社会结构体系之中，扮演着各自不同的社会角色，具有不同的社会身份和地位。“社会主义和谐社会”为社区教育科学发展营造了法治环境，提供了物质保障，促进了社区教育发展的中国化。

社区的发展需要有政府推动，用法治规范社区教育。目前，我国经济的发展促使大量农村劳动人口向城市转移，城市化建设步伐加快对社区教育提出了新的要求。

社区教育属于社会教育的范畴，是国民教育的补充和延伸。社区教育的发展与其他社会经济组织一样，需要解决的最重要的问题就是资源。因此，拓展、开发、整合社区内的教育资源，实现各个要素的优化组合及合理利用，是保证社区教育科学发展的基础条件之一。

为了实现构建和谐社会的目标，在发展社区教育的实践过程中，有些城市地区已经将市属的职业学校、职工大学、教学培训学校等进行合并，集中人力、物力、财力，整合优化教育资源，达到资源的共享。这既符合区域内社区教育发展的客观条件，也能够提高区域内社会经济的发展水平及其综合实力。另外，构建和谐社会，组建社区学院，实现资源的优化和共享，也是提高社区教育效益的有效路径。

四、社区教育的模式

模式一词本身较为抽象，指用来说明事物结构的主观理性形式。一般认为，模式是某项事物的标准形式或使人可以效仿的标准方式，在深刻理解或解释的基础上，采用科学的方法总结归纳并掌握其规律，以简约明了的形式呈现复杂的社会过程或情景。也就是说，模式是现实的一种理论性的简化形式，以简化的方式揭示事物运行、发展的规律，是对于现实经验的一种梳理，具有理论引导和实践价值。作为社区教育理论和社区教育实践中介的社区教育模式，以推动社区建设和居民的和谐发展为核心理念，以社区教育实体作为依托，在教育实践过程中是一个涉及面广泛的集成系统，一般包括社区教育的组织系统、社区教育内容和课程体系、社区教育资源的整合、社区教育人力资源的管理系统以及社区教育质量的监控和评价系统等。

1.国外社区教育的模式

国外的社区教育与学校教育互为补充、相得益彰，并不断完善，为学习型社区建设以及终身教育体系的构建奠定基础，目前国外的社区教育模式可以看作是终身教育思潮的反映。资本主义国家已经建立并在不断完善自己的民主制度，致力于民主社会的公民教育，实现“民主社会”的理想。在民主教育浪潮下，各国政府纷纷延长义务教育年限，以继续教育的形式开展社区教育，逐步扩大国民受教育的机会。而且随着社会经济的逐步发展，职业性继续教育的社区教育正不断向以提高修养、提升生活品质的非职业性继续教育的社区教育转变。下面仅从社区教育的目标、内容、组织方式等角度，探析国外社区教育模式。

（1）美国社区教育模式

美国属于移民国家，文化多元、经济发达，因此美国的社区教育目标和教育内容极为广泛。按照其基本对象和基本内容，美国的社区教育大体上可分为职业型社区教育、通识型社区教育、成人型

社区教育以及补习型社区教育。职业型社区教育的主要对象是处于求职阶段的学生和已经在岗的从业人员，主要为其开设相关的岗前培训、技能技术培训以及转岗换岗方面的需求教育。职业型社区教育既可以面向单独的个体进行培训，也可受邀为企业或行业进行职业技能和知识的整体培训。通识型社区教育主要是针对社会公民进行的教育，课程的开设在于提高公民的基本素质、公共道德和行为规范，既可满足学生的学习需求，也可满足一般社会公民的需求。成人型社区教育实质上是从职业型社区教育与通识型社区教育中抽离出来的一种教育形式，按照教育对象的文化水平和需求，又分为成人基础教育、成人职业教育和成人高等教育。美国的职业和成人教育学院，在一定意义上真正满足了职业需求和个人生产与发展的需要。

（2）日本社区教育模式

日本是以非职业性继续教育为中心的社区教育模式的最典型国家。按照其教育对象和教学内容，可以分为成人教育、社会函授教育和青少年教育。

成人教育主要是以成年的女子和高龄人群为教育对象，一般采用个人读书到小组座谈讨论、专题讲座等教育形式，包括公民馆、图书馆、博物馆活动等。主要目的是通过开展此类活动提高妇女的个人文化素养和道德修养，提高妇女在家庭和社会活动中的地位和作用，进而提高生活的质量与和谐度；同时开展娱乐休闲活动，丰富高龄人群的文化生活，增进高龄人群与社会的相融程度。

社会函授教育一般是在校外进行的教育活动，针对的是社会上的在职人员，一般是根据学习者自身的学习需求进行的教育，是具有社区教育特征的一种教育。

青少年教育的教育对象为青少年，一般是利用节假日和课余时间，通过讲座和实践的方式对青少年进行知识教育和技能培训。日本现已形成完善的社区青少年教育体系。日本的社区教育一方面协助学校开展校外活动和社会实践，让学习者了解社区、热爱社区，在自然和社会中丰富人格特征；另一方面，为学习者开设讲座和学习班，为社区成员提供信息交流的平台。此外，日本还通过学校、家庭、社区的合作来促进教育资源的充分融合，不断推动社区教育的发展。

（3）英国社区教育模式

英国是老牌资本主义国家，工业革命促进了生产力的提高，推动了社会经济的进步，英国的教育也随之进行了前所未有的革新，成为最早开展“大学推广活动”的国家。英国社区教育是针对社区民众不同职业、不同人群的不同需求设置的。这些多样化的教育形式和教育机构，在政府的统筹支持下给居民多样化的学习需求提供了机会，主要包括社区学院、寄宿学院、成人教育中心和工间学习组织。英国最早设立的社区学院主要是针对妇女的家政需要和青少年的校外技能学习需求开办的，开设裁缝、烹饪、家庭理财等课程，随后教育对象扩展至青年和成人，教育内容也延伸至品格教育、文化娱乐方面。寄宿学院以成人为主要教育对象，按照学习者的需求来开设课程，相比较于社区学院，两者最大的不同在于寄宿学院学习者可以住校学习。教学内容根据学习者的需求进行整合分类，按照文学、艺术、经济、金融、管理等领域，进行分班学习。成人教育中心的教育内容范围甚广，涉及社会学、文学、工艺学、体育文艺活动等，为成年人提供学习场所的同时也为社区成员之间的情感交流提供了机会。工间学习组织则面向走出校门迈向工作岗

位的青年和成年人提供继续深造学习的机会，工间学习组织即工作和学习交替进行，学习贯穿于工作之中，学习过程结合实际工作中遇到的问题，使学习更具针对性和目的性。学习的重点内容是青年职工的职业素质教育、针对工作需要而进行的职业技能培训、工会活动等方面的知识。

2.中国社区教育的模式

我国开展的社区教育实践，其实质是从科学的视角出发，采用符合我国国情的社区教育思想，总结、归纳、设计出一套稳定有效的社区教育模式。我国的社区教育经过近40年的发展，受社区经济发展水平、教育对象差异、群体文化底蕴等不同因素的影响和制约，根据各地的实际情况，按照社区管理方式和特点的不同，设计出四种主要的社区教育模式。

一是统筹型的社区教育模式，即由区域内的党政机关、企事业单位、群体组织共同组织本区域内的社区教育，对本区域内的社区教育进行统一协调、筹划和管理。

二是辐射型的社区教育模式，即以工厂、企事业单位以及学校为中心，借助各自优势，使自身的教育功能外化，并积极参与到社区建设中的社区教育模式。

三是互惠型的社区教育模式，即由两个或者两个以上的单位实体组成，本着互惠互利的原则，根据自身需要而联合举办的社区教育模式。

四是实体型的社区教育模式，即依托社区学校、社区学院、社区教育中心等实体机构而建立的社区教育模式。

目前统筹型的社区教育模式是我国社区教育发展的主流形式，这种模式不仅符合我国社会运行机制的特点，也符合我国社区教育发展的实际水平。街道办事处是社区教育活动的组织者和实施者，其所管辖的行政区域通常为社区教育的范围，并以此为依托进行各种娱乐文化的教育。这种模式可以充分发挥社区的优势，整合优化社区教育的资源，形成全面协调推行学习型社区的模式。

辐射型的社区教育模式依据主办单位的不同建构出了不同的亚模式，如企业中心型、学校中心型等。目前，辐射型的社区教育模式在我国也相当普遍，但是由于我国城乡之间的发展不均衡，在表现形式方面也存在着较大的差异。从类型来看，在乡村地区，主要是以学校为中心的模式，其他的型式不明显；在城市中，则呈现为学校和其他中心并存的现象。另外，由于城乡的经济、科技、文化、交通、人口、历史、政治等因素不同，在乡村中的学校类型较少且层次较低，而城市作为政治、经济、文化中心，学校的层次明显高于乡村地区，类型也比乡村地区多。

互惠型的社区教育模式是秉着自愿和互惠的前提进行的，既能够发挥办学方的主动性，也能够最有效地促进教育体系的建立。此外还有“校校合并”“成人高校+企业+普通高校”等多种形式的互惠型社区教育模式，都取得了显著的成绩。随着教育体制的改革以及用人机制的相应调整，互惠型的社区教育模式将会有更广阔的发展空间。

实体型社区教育模式目前最普遍的组织机构是社区教育委员会以及中介性的培训机构，主要包括社区的相关培训中心、社区学校和社区学院等，其主要作用是协助一些学校办好青少年的校外教育，协调和动员社会各界来支持教育，促进学校教育的发展。随后其不断发展，由原来的青少年教育扩展到社区内其他成员的教育。在社区教育的实体培训建设方面，社区居委会注重办好三种形式的培训——家长学校、成人文化技术学校以及党员学习班，以此来提高成年人的家庭教育水平、文化科技和政治思想水平，在很大程度上促进了社区的发展。

加强对社区教育的研究，特别是针对不同地区、不同发展水平的社区教育模式的研究，构建科学合理、符合地方特色的社区教育模式，取人所长补己之短，互相借鉴，必将促进我国社区教育更好更快地发展。

五、社区教育的发展趋势

21世纪以来，倡导以人为本、终身学习理念，创建学习化社会已经成为全球共识。社区教育作为构建终身学习体系、建设学习型社会、构建和谐社会的重要载体，越来越受到世界各国政府、人民的真切关注，我国也不例外。目前，社区教育在我国的发展已经逐步受到重视，得到了蓬勃的发展，但仍处于耕耘阶段。由于社区教育的社会性、开放性以及社区教育发展模式的动态性、多样化特征，需对其发展趋势有前瞻性的把握，才有利于社区教育的茁壮成长。

1.国际社区教育发展趋势

21世纪，全球进入知识经济时代，终身学习在全球范围内逐渐开展起来，国际社区教育正处于蓬勃发展阶段，特别是与知识化、信息化、全球化相结合后，呈现出多元取向的发展趋势。

（1）全员化、全程化、全方位

知识全球化时代的到来，尤其是“互联网+”时代的到来，使整个社会逐渐走向知识化、信息化、创新化。知识经济时代，一大批拥有知识的人们特别是拥有创新知识的精英们，在短时间内成为巨富，并通过自己的能力为社会创造出了巨大的财富，知识成为财富和权利的基础和来源。知识取代自然物质资源、金融资本以及劳动力资源成为推动社会经济发展的首要动力，具有前所未有的价值，成为人们社会生活的日常“消费品”。

处于知识经济时代的社区成员，尤其是从业者，必须通过不断的学习，增加自己的知识和技能，不断拓展自己生存和发展的空间；保持较高的学习激情，通过学习增加升职的机会，改变自己的生活，改变自己的命运。在终身学习理念的推动下，未来的社会学习需求方兴未艾，社区教育被打上深深的知识经济时代烙印，社区教育的全员化、全程化、全方位特征将更为凸显，因而国际社区教育也将朝着“三全”特色逐步发展。

（2）知识含量逐渐加重

事物的价值是相对于人而言的，人作为世间一切价值的源泉，是建立衡量各种价值标准的唯一个体。科技知识经过劳动者的努力，使其通过生产要素之间的相互结合，产生了推动经济持续发展的动力。社会个体是知识的载体，也是知识传播和有效运用的主体。

未来的国际社区教育将被打上知识经济时代的烙印，社区的知识教育结构重心将逐渐向以知识为重心的结构靠拢，集中反映为社区教育发展过程中的知识含量加重，智能类教育将逐渐加大比重，有助于丰富社区教育的内涵。因此，在未来的国际社区教育发展中，各个国家和地区会越来越重视创新能力和全球化素质的教育培训，以培养适应全球化、知识化、信息化时代的人才。

此外，国际社区教育不但重视知识含量，而且会愈发重视社区

教育的质量，加大社区教育的知识含量，提高社区教育的质量，为构建和谐社会打下知识基石。

（3）运用更多现代科技

信息化、数字化时代的不断发展，多样化的传播媒介和计算机多媒体技术等的使用，将大大拓展社区教育的发展空间，促进其内涵的丰富。随着计算机辅助教学系统的开发以及“互联网+”时代的到来，一个超越时间和空间的网络空间已崭露头角，缩短了人与人之间的空间距离，人们将生活在物理空间和网络空间两个空间里。这种影响正深刻改变着国际社区教育的格局，方便社区居民随时随地地接受教育。

因此，国际社区教育在推进终身化教育发展的过程中，将进一步运用现代化的技术和设备，促进社区教育的全面信息化教学，拓展社区教育学习的空间和时间。尤其是随着“虚拟现实”和“增强现实”技术的演进，发达国家将建构不同的“虚拟学习空间”“虚拟社区学习中心”“虚拟图书馆”“虚拟博物馆”等解决社区成员之间不同的文化需求问题，满足不同年龄层次、不同职业人的受教育需求，旨在使个别化的教育理想得以实现。成员也可以根据自身发展的需要，选择不同的教育内容和教育方式，使社区教育更加丰富。因此，社区教育管理部门加大对社区教育的投资，加强社区教育方面先进技术的配备，推进社区教育向全员化、个性化、终身化、社会化方向发展，这成为国际社区教育的又一发展趋势。

（4）更加注重教育管理

为了将终身学习理念转化为社区教育的具体行动，将已有的成功经验转化为政策加以实施，国际社会将会更加重视社区的治理、社区教育的管理，建立和完善社区教育的运行机制。例如，英国、美国等相继制定了有关终身化社区建设的国家策略，强调社区制度的建设，完善社区教育的管理和运行机制，保障社区教育的健康发展。无论是发达国家还是发展中国家，在今后社区教育的发展中都将会更加注重社区教育管理体制的建设，促进社区教育持续稳步发展。

（5）加强学校与社区的融合发展

在知识经济时代的感召下，以及联合国教科文组织的积极推动下，终身教育理念进一步在全球范围内推广，学校与社会的关系也在终身教育思潮的影响下越来越密切。首先，学校和家庭的关系进入新的阶段，传统的学校负责技术技能和教育设备的供给，家长负责学生的教育态度、行为开发的责任分工模式被逐渐打破，社区教育工作者通过设置一系列的家长教育培训工作，为家长高质量地配合学校工作提供了正确的指南。其次，学校和社区相关组织团体的合作有了进一步的发展，不仅仅是基于分工的合作，更多的是社区与学校的融合发展占据主位。最具有代表性的是美国为了改变学校建设中的官僚现象和教育工作效率低下情况，而施行的学校与企业之间的联姻，具体表现在公立学校的私营化、学校内部经营管理的企业化以及学校和企业在教学方面的合作等“合作教育”，最大效度地实现了学校和社区组织团体之间在教育方面的合作与交流等。“学校更多地为社会服务”和“社会更多地参与学校”等思想越来越在国际范围内被认同和接受，学校和社区的融合发展将进一步加强。

（6）未来国际社区教育发展目标

社区的发展最重要的是人的全面发展。人的发展是综合性的，包括许多方面，其中人的核心素质是人的思想文化的发展，这是社区政治、经济、社会、文化、环境协调和健康发展的根本保证。自从提出“学习社会”以来，建设学习型社区已经成为世界众多国家和地区社区教育发展的根本目标，国际范围内以城市空间形态为特征的学习型社区建设如火如荼地开展起来。建设学习型社区，形成“社区为学习之地，成员为学习之人”的社区学习氛围，将成为国际社区教育未来一段时间的发展目标。

2.我国社区教育发展趋势

（1）拓展与开放社区教育空间

在空间维度上，21世纪的社区教育既要与国际社会接轨，与跨文化、跨民族的社区交流与合作，具有全球化特征，也要具有中华民族的特点和中国特色。

当今时代，各个发达国家都非常重视人才的国际化。美国一再强调培养“具有全球意识的人”“具有国际眼光的人”。日本也不甘落后，强调培养能够领导世界的真正具有独创精神的人才，为此日本政府筹集大批资金鼓励日本青年到世界各地访学，以达到培养更多具有国际意识人才的目标。此外，西欧的一些国家也高度重视教育的国际化、人才的国际化，相继创办多所跨国大学，使得各国之间的教育融合沟通，进行广泛的交流与合作。国际化成为21世纪全球教育发展的一种必然趋势。

构建具有中国特色的现代化社区教育，不仅需要具有国际化特征，还需具有中国特色。中国的国情决定了中国社区教育建设的特色，中国社区教育体系的建设必须协调好城乡之间、东西部之间、贫富之间、南北之间、强弱之间、实体与虚体之间的教育关系。而现代化则主要是指社区教育应体现时代的特征。这些都成为构建中国特色社区教育的重要指标。

首先，在国际社区教育发展的大背景和终身教育理念的影响下，中国特色的社区教育既要有学校教育，同时还应该包括学校后教育。学校后教育即相对于学校正规教育或基本不在学校接受正规教育而言的，包括成人教育、网络教育、自主入学考试教育等，当然也包括各种与职业相关的教育培训。

其次，具有中国特色的社区教育应秉承虚体的社区教育先行，实体的社区教育紧跟的发展策略。虚体的社区教育主要是指社区成员借助媒体的力量，满足自己的受教育需求，使其能够正确认识、理解、关心、支持并参与中国特色社区的建设。

最后，巧妙利用信息技术在社会生活中的不断渗透。要利用各种教育教学资源形成社区教育的网络，即利用广播电视、网络媒体等现代教育设备，对社区全体成员免费开放，同时加大社区教育经费的投入，支持社区教育的可持续发展。

（2）拓宽与重塑社区教育功能

21世纪是经济飞速发展的时代，同时也是教育大展宏图的最好时代。社区教育应努力去适应知识经济时代的步伐，进一步拓展教育的功能，对社会上更多的成员开放，促进教育的社会化。

首先，社区教育的社会化表现在社会服务功能的增强。社区教育是我国实现社会公平正义的重要途径，不论是国际还是国内的社区教育实践经验均表明，只有实施面向全体成员的、以促进人的全面发展为原则的社区教育，才能满足人们各种各样的教育需求，才能从根本上实现教育的公平。在“全员”思想的指导下，社区教育应逐步扩展到社区全体成员的教育，不能仅仅为青少年学生。随着教育改革的不断深入以及教育观念的不断更新，我国社区教育将逐步发展成从幼儿教育到老年教育，全面覆盖各个年龄段的教育体

系，以及从中心发达城市扩展到广大农村的多层次、多形式的具有中国特色的完善的社区教育体系，进一步提高国民对社区教育的知晓度、认同度、参与度和满意度。

其次，社区教育的社会化表现为终身教育理念的推行。在现代社会，世界各国都纷纷倡导终身教育，建设和谐社会，建设学习型社会。终身教育和终身学习都强调学习者能够“时时”进行学习和受教育，而社区教育则强调社区成员“处处”进行学习和受教育。同时，随着信息高速公路的建立，计算机网络将整个社会连为一体，突破了信息传递的时间和空间限制，进一步促进信息的快速流动。在这种情况下，社区教育将突破时空限制，不同地域、不同性别、不同年龄的人可以自由地选择课程和教育，学校和社会之间、学校与学校之间的界限将逐渐模糊，逐渐实现学校的社会化、学校与社会的一体化。21世纪的社区教育将在社会化的教育大系统中重新定位与构建。

（3）更新与变革社区教育内容

进入21世纪，社区教育的发展趋向，以及如何更好地培养新世纪的人才成为世界各国关注的重点。更新、变革社区教育的内容，使社区教育朝高水准的方向发展，主要体现在以下几个方面。

第一，增加社区教育学术型课程的开设。随着社会市场经济的不断发展，人们越发重视综合素质的提高。社区教育作为社区全体成员参与的教育活动，开设学术性的课程，可以加强人们对理论知识的学习，有利于综合素质的培养和提高。

第二，提升社区教育的发展目标，创设学习型社会，构建终身教育体系与和谐社会。具体就是沿着社区教育的实验区→社区教育的示范区→初级学习型社区→高级学习型社区→学习社会这条路线，不断提升社区教育。

第三，提升社区教育的管理。管理涉及的范围广、内容多，社区教育管理伴随着社区教育活动的开展而产生，为社区教育活动服务。社区是社会的基本细胞，科学有效的管理是促进和保障社区教育事业可持续发展的重要条件。

第四，提升社区教育的评价标准。任何事物的发展都不可能直线上升，往往有顺利、有曲折，科学地总结和评价是促进事物发展的重要方法和手段。社区教育也不例外。科学有效的评价，有助于我们认清社区教育已取得的成绩、现在面临的问题和未来发展的趋势。

第五，提升师资队伍素质。一是进一步优化社区教育师资队伍的年龄和学历结构，年龄趋于年轻化、学历结构重心高移；二是师资队伍的素质向专业化、国际化迈进。

六、社区教育的条件

在明确了社区的概念以及何为社区教育之后，下一个关键的问题就是如何开展社区教育。毋庸置疑，与普通教育、职业教育等相同，社区教育的有效开展也需要一系列的条件保障，如稳定的教师队伍、有受教育需求的学员、开展教学活动的场所、充足的教育资源及政府的政策支持。而鉴于社区教育的独特属性，其条件保障也具有相对不同的特点。

1.社区教育的教师

（1）社区教育教师的结构类型

社区教育在我国是一种尚处于发展与建设过程中的教育类型，

与普通教育相比，它更多地呈现出动态性、不稳定性等特征。受此影响和制约，社区教育教师作为一个特殊的群体，与普通教育教师不同，也是一个动态变化的群体。实际上，社区教育教师的类型和结构已经超越了传统教师的概念范畴。社区教育教师的来源具有广泛性的特点，这意味着凡是能够满足社区成员学习需要和提供服务的人员都可能成为某种意义上的社区教育教师。因此，社区教育教师的结构类型是多元化的，它汇集了社会各方面的智力资源和人才力量。

在我国的社区教育实践中，社区教育教师从类型上一般可分为专职教师、兼职教师及志愿者三类。

一是专职教师。相对于兼职教师和志愿者来说，我国社区教育的专职教师为数并不多，尽管如此，他们却是社区教育教学活动的抓手，起到了至关重要的骨干作用。社区专职教育教师承担着多种角色，他们既是负责一线教学任务的教师，也是社区教育活动的组织者和管理者。作为专职教师，他们有义务深入社区基层，调查和了解人民群众对于社区教育的需求和意见，并以此为基础开展有针对性的课程教学。社区专职教育教师的来源一般有两个方面：一是来自普通教育、职业教育等学历教育系统的教师，他们多由基层教育行政管理部门选拔和委派，从各个中小学、职业学校加入社区学校中担任专职教师；二是面向社会公开招聘和选拔的教师，并不限于教育系统，只要满足一定的条件和标准并通过考核就可担任。

二是兼职教师。在当前的社区教育实践中，兼职教师是承担社区教育工作的一个主要力量，在整个社区教育教师队伍中占有相当大的比例。兼职教师队伍来自各个企事业单位，是社会各行各业的优秀骨干，他们有着娴熟的职业技术技能和丰富的才艺，是社区教育工作必不可少的教师资源，为社区教育开设各种专业课程提供了有力的人力资源支持。

三是志愿者。社区教育志愿者是社区教育教师的一个重要组成部分，他们往往怀着服务和贡献社会的极大热情，自愿付出时间和精力，并且不计较物质报酬，是推进和开展社区教育事业的一支不可或缺的参与力量。社区教育工作仅仅依靠专职、兼职教师队伍是远远不够的，除此之外，还应大力建设一支志愿者服务队伍。纵观西方发达国家的社区教育事业，专业、高效的志愿者服务队伍是其社区教育稳定、兴旺发展的重要条件。同时，由于教育发展的不均衡性，一定区域的专兼职教师资源在客观上是有限的，而人民群众对于社区教育的需求则是一直处于不断增长之中，所以，开掘和动员社会的人力资源，建设志愿者服务队伍，可以作为社区教育师资的有效补充。

（2）社区教育教师的队伍建设

目前来看，由于我国社区教育发展滞后，社区教育师资队伍的建设也比较缓慢，因此，如何培养和建设社区教育教师队伍，优化配置现有的教师资源，是社区教育工作需要重点关注的问题。

第一，共享学校教师资源。社区教育教师队伍的培养和建设是一项十分重要的任务，需要得到高等师范院校的支持和参与，应从校园阶段就开始进行社区教育教师的培育和训练。然而，从当前来看，系统的社区教育教师培养工程是一项长期工作，所以师资队伍建设在做好长期系统培养工作的同时，还需另辟蹊径，从现有的中小学、职业学校挖掘适合于社区教育工作的人才，以有效整合现有的学校教师资源。要做到这一点，需要政府行政管理部门的深度介入，从人事制度和学校建设上做文章，主要可采取两种措施。一是教育行政管理部门对各类教育事业的人员编制进行优化调整，在国家劳动人事制度的基础上制定编制规划，适当向社区教育事业单位倾斜，引导、鼓励和选派一部分优秀的普通学校和职业学校教师加入社区学校当中来，这样可以在人事编制上为社区教育师资建设提供有力的保障。二是政府组织学校教育力量，积极开设和创办各级各类社区学校，以社区学校为机构依托大力开展社区教育活动，并联合普通学校、职业学校进行专业建设和课程开发，以起到资源统筹的效果。简而言之，要充分挖掘和利用现有学校的教师资源，就要破除教师只为本校服务的陈旧观念，树立教师为社会服务的意识，如此才能促进学校间的教师资源共享。

第二，发掘兼职教师资源。尽管有学校教师资源的支持，我国社区教育可利用的专职教师仍然较为有限，远不能满足社区居民对社区教育活动的需求。社区教育作为一项具有灵活性、多元性、普泛性的教育事业，不应拘泥于依靠专职教师开展教育工作，还应大力发掘兼职教师资源。社区教育是广大社区居民共同参与的教育活动，而社区居民里不乏具备各类专门知识和技能的人才，他们是亟待挖掘的兼职教师资源，经过一定的培训和认证，他们完全可以承担社区教育的工作。社区中具备各种职业技术技能、优秀的才艺，能够胜任社区教育工作的社会贤达非常多，社区教育不可忽视这类宝贵的人力资源，要加以充分挖掘和利用。

第三，建设志愿者队伍。随着我国社区教育的加速发展，师资匮乏的问题也越来越严重，因此，社区教育的师资队伍除了以专职教师为骨干、兼职教师为主体以外，还应建立一支社区教育志愿者队伍，这是衡量区域社区教育现代化程度的重要标志。我国社区教育的志愿者主要有：具有专门知识和技能的在职或退休教师，企业经营管理人员，以及各行各业的专家、教授、大学生、专业技术人员等。他们以极大的热情投入到社区教育当中，是社区教育的重要建设力量。

那么，应该如何建设一支专业、高效、数量与质量兼具的志愿者队伍呢？针对这个问题，根据社区教育事业开展的实践经验，应当做到三点：首先要在态度上真正重视社区教育志愿者队伍建设。社区教育的日常工作要把志愿者队伍建设作为一项重要任务来抓，要制定详细的计划，认真地组织志愿者队伍建设，政府要在政策上予以支持，引导和鼓励社区居民志愿参与社区教育事业。其次是明确志愿者的工作职责。最后是加强培训，提高志愿者服务队伍的素质。随着数量越来越庞大的志愿者队伍加入社区教育事业当中来，他们的工作态度、工作水平将直接影响社区教育活动的效果，因此，社区教育部门有必要开展专门培训，将这一形式上零散、数量上庞大的队伍加以专业化，提高他们社区教育服务的水平，如此才会有利于稳步和有效开展社区教育事业。

2.社区教育的学员

（1）社区教育学员的内涵

社区教育作为教育类型的一种，当然也具有一般教育的属性，具有其特殊的教育对象。从根本上来说，社区教育的产生即源于社区教育对象的受教育需求。然而，作为与普通教育、正规教育不同的教育类别，社区教育对象有其自身的独特内涵。社区成员是构成社区的最为重要而基本的要素，没有社区成员就不成其为社区，而社区教育的教育主体就是社区成员，社区教育就是面向全体社区成员来开展的，社区成员对于社区教育的需求是社区教育存在和发展的根本动力，因此，社区教育的对象就是社区成员，接受社区教

育的社区成员就是社区教育学员。社区教育学员接受社区教育所获得的知识与技能，应当以人的全面发展为导向。提高社区教育学员的综合素质，提升他们的知识和技能水平，增强他们的实践应用能力，是社区教育教学活动的基本任务。

（2）社区教育需求的特征

在教育需求特征上，社区教育学员与其他教育类型的受教育者有着明显的区别。当然，社区教育与当下教育体系中的普通教育、职业教育、高等教育和成人教育存在密切的联系。社区教育的开展必须建立在学员已经接受了一定普通教育的基础上，而职业教育和成人教育也经常面向社区开展各种形式的职业培训。尽管如此，社区教育学员的教育需求仍然具有自己独特的一面。

首先，社区教育学员的教育需求具有广泛性。其主要体现在社区教育需求主体类别的广泛性。社区教育需求者不仅仅限于学龄前儿童、少年学生、青年学生，也面向社会上的青年人、中年人和老年人。在职业类别上，需求主体既包含了学生、工人、干部和群众，也包含了就业者、失业者和离退休人员，还包括了社区内的固定居住人口和流动居住人口。总之，社区教育学员教育需求的广泛性根源于全体社区成员构成的复杂性。

其次，社区教育学员的教育需求具有多样性。教育需求的多样性主要体现在两个方面：一是社区教育学员对于学历需求和课程内容需求的多样性，不同的学员对于社区教育具有不同的目标，既有对学历教育的需求也有对非学历教育的需求，既有对普通文化知识的需求也有对专门技术知识的需求；二是由于社区教育学员年龄构成的复杂性，处于不同人生发展阶段的学员对于社区教育的需求自然也就不同。例如处于道德成长阶段、就业要求阶段、社会适应阶段、家庭生活阶段、未来追求阶段等不同阶段的学员，对教育内容和课程的需求就千差万别。因此，不能一概而论，必须有针对性地加以区别。

最后，社区教育学员的教育需求具有潜在性。由于我国社区教育的兴起时间不长，许多社区开展社区教育还处在初始阶段，加之信息的不对称性，很多社区成员对社区教育并不了解。因此，需求者难以提出或完整地表达自己的需求信息，这就造成了教育需求的模糊性。但需求模糊不等于没有需求，只是需求暂时处于隐蔽状态，这就是教育需求的潜在性。潜在的教育需求需要采用一定的方法，根据相关信息进行分析和预测，并积极地进行开发，使之显性化。

（3）社区教育实践的学员类型

一是下岗失业人员群体。下岗失业人员在全国社区教育实验区、示范区居民人数中所占的份额最小但培训率最高，究其原因，主要是再就业的需要，他们必须在知识、技能等方面充实自己，在生存压力的驱使下该群体的社区教育需求极为旺盛，而政府也相应地十分重视该群体的社区教育工作，做好此类群体的社区教育工作对于安定社区居民生活，促进社区的和谐发展具有十分重要的意义。因此，下岗失业人员的社区教育培训率较高。

二是青少年群体。青少年校外素质教育在全国社区教育实验区和示范区的培训率也较高。社区教育与学校教育、家庭教育共同构成了青少年的素质教育体系，社区承担着社会性教育，学校主要从事知识性教育，家庭承担着生活习惯养成、伦理道德教育，三者是青少年综合素质教育不可或缺的重要基石。当前，我国学校教育体系的一个重大弊端就是不利于培养学生的动手能力，而社区恰好是

青少年培养动手能力的实验基地，各地开展的青少年社区教育的实践证明，青少年可以通过社区教育，选择自己的兴趣爱好，学习音乐、美术、手工制作，进行社区调查，开展公益活动等，逐渐培养动手能力。而且，在社区内开展青少年心理健康等教育，也能降低青少年的犯罪率、减少不良行为，从而促进社会的和谐稳定。社区教育也必将成为青少年实施素质教育最重要的途径和行之有效的方式。

三是老年人群体。目前针对老年人群体的社区教育取得了初步进展。老年人口的增长和老年人口社会福利保障制度、医疗条件的完善，使得老年人群体的学习需求也不断增长。老年人退休在家后，与社会接触减少，而通过引导、鼓励老年人参加社区教育，有利于提高老年人的生活质量，帮助他们调整心态，促进他们的再社会化，这样才能真正实现“老有所养、老有所依、老有所学、老有所为”。

四是农民群体。由于这些区域的农民人数较少且大部分处于城市或城乡接合部，结合国家新农村建设和农民市民化教育的需求，针对此部分农民所做的探索性社区教育较为丰富，但其他边远地区的农村社区教育远未达到这种程度。可以将全国社区教育实验区和示范区的成功经验推广到全国其他地区。

五是外来务工群体。城市社区的外来务工群体十分庞大，由于该群体的流动性强，针对他们开展社区教育具有一定难度，所以还是有一多半的外来务工人员从未接触过社区教育。鉴于该群体庞大的规模，他们深深地关系到社区的安定与和谐发展，只有加强对外来务工人员的学习需求调查，促使他们尽快适应社区环境，融入社区生活，才有利于社区的稳定。

3.社区教育的场所

一般来说，在社区中任何能够承担社区教育功能的场地、设施、机构、组织等均可以是社区教育的场所。与普通教育的场所相比较，社区教育的场所具有更大的灵活性和开放性特点，其形式可以不拘一格、丰富多样。社区教育的场所主要分为两大类：一类是正式的有组织、有管理、有明确目标的教育机构、学习场所和场合，如各级各类社区学校；另一类是非正式的学习场所、场合或机构，如各种学习型组织、社区文化机构等。

（1）社区教育的正式场所

正式的社区教育场所是指经国家教育行政主管部门或其他政府主管机构批准备案的、坐落于社区的具有现代学校基本特征的学校。

第一，全日制社区学校。社区内的任何起到社区教育作用的正规全日制学校均可视为全日制社区学校，包括幼儿园、普通中小学、普通高校、职业学校等。

第二，非全日制社区学校。非全日制社区学校是指非学历教育性质、业余时间开展的各种居民学校，当前学界所谈的“社区学校”主要是指这类学校。非全日制社区学校为居民提供知识、文化、娱乐等服务，致力于提高社区居民的幸福指数。非全日制社区学校或居民学校最贴近居民的亲身生活，与他们的联系最紧密，所以是社区居民接受社区教育最重要的场所，是比较纯粹的社区教育机构。

第三，混合制社区学校。混合制社区学校是指同时包括全日制和非全日制两种教育形式的社区学校。主要包括各类成人院校和社区学院。

首先是各类成人院校，包括成人高等和中等学校，这类学校大多为市县区级有关机构主办，大则面向整个城市，小则面向城区，因而基本上是专门为社区服务的。这些成人学校多是由于各种原因未能成为正规院校，但又对有继续接受教育需求的人进行学历教育。在进行学历教育的同时，这些学校也利用自身的办学条件优势，面向社区开展适应社区居民需要的课程内容。所以，各类成人院校起到了很大的社区教育功能，而且随着高等教育的大众化，学历教育需求在成人院校当中逐渐衰减，社区教育需求则呈现迅速上升的趋势。当前成人院校的进一步发展要适应于社区教育蓬勃发展的需要，在社区中开辟新的增长点，逐步向社区教育转型。

其次是社区学院。社区学院是经济、科技、社会发展到一定阶段，社区教育与高等教育不断发展又相互结合的产物，同时肩负社区教育与高等教育的责任。不少社区学院还吸引下岗职工、高考落榜者学习职业课程，这是符合广大民众需要的举措，因此社区学院的职业教育功能日益增强。社区学院需要处理好全日制教育和非全日制教育、学历教育和非学历教育的关系，找准自身定位和努力方向，这对其深入发展具有极其重要的意义。

（2）社区教育的非正式场所

社区教育的非正式场所是一种比较松散自由的学习场所，包括娱乐、信息及其他一切具有教育性意义的服务设施。教育不仅局限于学校内，学校的围墙绝不是学习的边界，社会当中蕴含着丰富的教育性内容。从这个意义来说，社区中的文化机构、学习组织等非正式场所均可发挥社区教育的作用。

第一，社区学习型组织。在街道一级，社区学习型组织主要包括学习型企事业单位和学习型团体两类。首先是学习型企事业单位。这类组织的学习氛围较为浓厚，组织成员具有清晰的目标和愿景。虽然此类组织多数不归所在社区管辖，但它们是重要的社区教育资源，社区街道部门可以尝试与这些组织联合建立社区教育机构。其次是学习型团体。它们是以团体为单位的学习型组织，包括正式和非正式两种。正式的学习型团体多是一些协会组织，例如书画协会、舞蹈协会、健身协会等；后者多是一些志趣相投的人组成的自由学习组织，诸如读书会、学习小组等。

第二，社区文化机构。社区文化机构主要有图书馆、文化馆、体育馆等。图书馆是社区居民学习的重要场所，也是资料和信息中心。

第三，社区隐性课堂。除了显性的社区教育活动之外，社区的自然环境、文化环境等无形的氛围也可以起到潜移默化的教育效果，从而成为社区隐性课堂。要实现这一点，第一要优化社区环境，例如营造良好的社区绿色环境，并在花草树木等植被上标注名称，以增进社区居民对植被知识的了解，或者开辟画廊，使人们受到高雅艺术的陶冶等。第二要举办各类社区活动。举办诸如各种节庆活动、文艺娱乐活动、青少年科技活动等，通过将社会知识或自然科学知识等隐性课程融入活动内容，起到隐性教育的作用。

4.社区教育的资源

（1）社区教育资源的界定

资源这一概念的内涵十分丰富，首先，资源包括的种类是多样的，它既包括有形的物质资源，也包括无形的社会资源；其次，资源必须具备有用性，只有符合满足人们需要的特点才能够称其为资源；再次，资源是人们可以获取和利用的。总之，能够满足人们生产、生活需要，并可以被获取和利用的各种物质、社会财富，如矿

产、土地、人口、信息等均可称为资源。

教育资源的含义是在资源定义的概念范畴之下，一般来说，也分为物质资源和社会资源两种形态，当然教育资源首先要满足教育的有用性，要符合教育需求的特征。教育资源应当包括人力、物力、财力等资源要素。所以，显而易见，人力资源、物力资源、财力资源是教育资源最为基础的要素。当然，这种定义也有其不足的地方，实际上它是从经济学的视角出发，将教育资源纯粹地还原为物质实体，然而文化资源、政治资源等非物质要素却被排除在外，所以，我们宜采取一种综合的视角来探讨教育资源的本质。

要界定社区教育资源，应当首先了解与社区教育资源密切相关的“社区资源”的概念。社区教育资源实际上也是指在社区范围内可以调动的满足社区教育需要、保障社区教育运行的一切资源。社区中有着十分丰富的教育资源，尤其是较为发达的社区，中小学、普通高校、职业学校均是社区可以利用的教育资源，一些企事业单位组织的学习型团体、兴趣爱好者组织的协会，还有文化馆、图书馆、少年宫等文化机构均能承担社区教育的功能。当然，值得注意的是，并不是社区内所有的教育资源都是社区教育资源，要成为社区教育资源就必须具有可获取性和可利用性的特征。例如一些普通高校虽然位于社区当中，但是并不向社区开放，社区居民无法获取高校内的教育资源，这样也就不能称其为社区教育资源。所以，社区教育资源一定是在社区范围内可以调动、支配及利用的那些教育资源。

因此，总结来说，社区教育资源是指在社区范围内的总资源中可以调动与支配的、能够满足社区教育需要和保障社区教育活动顺利进行的、可持续发展的一切物质资源和非物质资源的总和。

（2）社区教育资源的类型

由前述可知，社区教育资源既包括有形的物质资源，也包括无形的非物质资源。一般来说，前者主要体现为人力资源、物力资源和财力资源，后者主要体现为文化资源、环境资源等。

第一，人力资源。社区内聚集了非常多的社会贤达人士，他们中的很多人都在某些知识、技术方面拥有特长，是潜在的亟待发掘的可以服务于社区教育的人才资源。具体来说，社区教育的人才资源主要包括：①社区公务人员。如街道办事处的领导和办事人员，他们可以成为社区教育的管理者，为社区教育发展制定规划，组织活动，协调各方面的关系。②企事业单位人士。企事业单位有较为雄厚的经济资本，社区教育可以与企业加强合作，争取企业管理者的支持，在经济上提供资金，在人力上提供符合条件的教师。③专家学者。较为发达的社区内不乏一些学识渊博的专家学者，他们无疑是最适宜担任社区教师的人选。④离退休干部。从工作岗位离退休的老同志，主要的活动范围在社区，他们既有丰富的阅历、较强的活动组织能力和感召力，又有参与社区教育活动的极大热情、时间与精力。⑤学生家长。学生家长也是学校所在社区的居民，他们在不同的单位工作，有各自的教育资源，加之关注学生的教育，他们非常愿意为社区教育活动的开展助一臂之力。⑥社区志愿者。社区的志愿者主要包括高校大学生、医院志愿者及其他社会热心人士，他们会利用自己的一技之长为社区做出贡献。

第二，物力资源。物力资源主要指开展社区教育所需要的各种基础设施、学校场所、教学设备、图书、器材等。基础设施如图书馆、博物馆、纪念馆、文化馆、体育场等，学校场所如中小学校、高等院校、职业学校、民工学校、社区学校等，其他物质材料如教学仪器、实验设备、图书资料、文体器材等。社区教育的物力资源是在社区总资源中调配给社区教育，保障社区教育运行的各种物质形态财富。

第三，财力资源。财力资源究其本质来说，是一切可交换的物质资源和人的劳务付出的货币形态。社区教育活动的主要财力资源一般是政府拨给的教育经费、学生交纳的学费、社区各界人士的捐助费。开展社区教育需要投入，需要有一定的财力支撑，没有教育经费的支持，社区教育活动几乎无法开展。政府应认识到社区教育对于提升公民素质、改善公民生活的重要意义，为社区教育的发展提供必要的财力。同时，社区教育本身也应积极争取社会各界力量的经济支持。

第四，文化资源。文化资源渗透在社区居民生活的方方面面，对社区成员起到潜移默化的教育作用。社区文化对社区成员的思想、行为、生活起着隐性的制约作用。社区文化既有其精神形态也有物质形态。精神形态的社区文化主要包括社区居民的信仰、价值观、风俗习惯，这些精神文化塑造了社区居民的精神面貌，约束着他们的行为举止、生活方式等。

第五，环境资源。社区的环境资源包括社区内的自然环境资源和文化环境资源。其中，自然环境资源如花草树木、江河湖海、山川田野、地况地貌、季节气候等是可供社区教育选择和利用的。此外，社区内的政府、企业、学校、商场等场所的文化面貌，均能对社区居民起到一定的社区教育作用。

（3）社区教育资源的整合

从我国社区教育资源整合的实践来看，社区教育主体和社会资源主体之间的合作动力有着多种来源，所以，根据双方合作的动力机制，社区教育资源整合的路径大致存在以下三条。

一是政府主导的行政整合。走行政整合路径的合作双方一般具有这样的特点：首先，社区教育主体通常就是政府机构的社区教育管理部门，它们掌握着一定的人力、财力、物力资源，能够通过行政手段驱动其所管辖的社会资源主体（如中小学、职业学校）调配一部分资源投入到社区教育当中；其次，自上而下的行政权力是双方合作的根本推动力，社区教育主体与社会资源主体一般都具有隶属关系，其资源整合方式具有强制性；再次，通常会组建以委员会和领导小组为核心的社区教育资源整合组织平台，并受到党委和政府的支持。

二是市场主导的利益整合。市场主导的利益整合是指社区教育主体和社会资源主体在自愿合作的基础上，通过市场发挥调节作用，以互利共赢为目标的社区教育资源整合方式。以行政力量迫使社会资源拥有方释放资源，在实际情况中往往会损伤他们的合作积极性，利益整合则不然，它致力于寻求社区教育主体和社会资源主体合作的最佳利益结合点，以市场动力为驱使，实现双方的利益最大化。

市场主导的利益整合路径的根本特征是双方合作动力的内生性。合作是建立在双方平等自愿合作基础之上的，它避免了因行政力量压迫而损害合作积极性的弊病，它通过合作双方互利互惠的市场行为来驱动，有利于社区教育资源整合的可持续进行。

三是精神主导的志愿整合。精神主导的志愿整合是指两个主体的合作动力是以社会资源主体的志愿奉献精神为根本动力，例如大学生、离退休人员志愿参与社区教育服务，从而实现社区教育资源的整合。当前，社区服务志愿者已成为社区教育活动的一个重要参

与力量，广大的高校大学生、社区居民不计报酬、无私服务，贡献自己的知识、技能、时间，成为不可或缺的社会资源供给方。

第三节 社区民主与社区自治

鉴于城市社区治理的过程也是基层民主实践的过程，基层民主的有效推进也是社区实现善治的重要基础，因此，很多学者从基层民主理论的角度来研究城市社区治理。

一、社区民主

民主是人类共同追求的价值观和共同创造的文明成果。它不仅包括国家民主还包括社会民主，而基层民主构成了社会民主的重要内容，是国家民主的重要补充。中国基层民主建设最伟大的意义就在于，它是公民在社会的最基层进行个人参与的民主化实践，通过在民主化实践中建立起一系列民主规则和程序，训练民众，培养民众的民主习惯，为民主创造内在的条件，逐步实现民主由少数精英的理念进入大众日常生活，成为人们所习惯的日常生活方式，这样的民主才是真正不可逆转的。

经过长期的实践发展，我国基层民主逐渐形成了以下四个方面的基本特点。

1.主体的广泛性

我国的基层民主政治保障了最广泛的人民群众的民主参与权利，将我国绝大多数人口纳入基层的民主选举、民主决策、民主管理和民主监督的政治过程之中，体现出社会主义民主高度的人民性和广泛的参与性。村民自治、居民自治、县乡人大代表直接选举以及企事业单位的民主管理等基层民主政治实践，解决了在我们这样一个人口大国顺利推进人民群众的民主参与和保持国家政治稳定发展同步并进的世界性难题。

2.发展的主导性

我国的基层民主政治是在党和政府的领导下进行的，其途径是通过民主政治发挥人民当家做主的权利，达到基层治理的有效性和社会政治的稳定发展。因此，人民群众与党和政府具有一致的目标。从基层民主政治建设的方式来看，一方面，党和政府是主导力量，通过政治领导和法制建设，保障广大人民群众的民主权利得以切实实现；另一方面，广大人民群众积极参与到基层民主建设过程中，创造出了丰富多样的民主形式和切实有效的民主程序技术，推动了基层民主的发展。党和政府不断研究发展中的问题，出台推进基层民主深入发展的政策主张，主导着基层民主发展的进程和道路。在此基础上，鼓励广大人民群众的参与和自发创造，但这种参与是有序的参与，是在法律制度规范下的参与。

3.进程的渐进性

现代民主政治是一种高度制度化和结构化的政治运作机制，它的运行需要复杂的社会经济条件的支撑，更需要适合本国特点的政治程序和民主精神的保障。这些都不是能够毕其功于一役的，由此决定了社会主义民主政治建设需要在渐进的民主建设过程中逐步发育和形成，具有长期性。我国的基层民主建设伴随着整个国家的经济社会体制转型而渐进发展。

4.环境的适应性

我国的基层民主政治建设一直是作为我们党赢取政权、凝聚人心，组织和动员全社会力量来实现党在不同时期中心任务的重要举措。民主政治建设始终是社会发展的推动力量，是与社会经济发展相适应的。世界民主政治发展的一个基本事实是：凡是不顾自身的经济社会体制约束而意图发展高度民主的政治体系，都难以实现自己的愿望。我们在发展基层民主政治的过程中，始终以推动和保障党的中心工作以及经济社会发展为目标，以人民群众公共生活需要为动力，是与整体的政治和经济发展相适应的。

二、社区自治

社区自治是城市居民群众依法直接管理社会基层公共事务的一种民主形式，是社会主义基层民主在城市的广泛实践。

根据《中华人民共和国城市居民委员会组织法》和各地推进社区自治的实际进程来看，社区自治的内容主要包括以下六个方面。

第一，人事选免自治。社区居民委员会的组成人员必须由社区成员大会或代表大会依法选举产生，社区成员代表大会具有依法随时补选因故出缺的社区居民委员会组成人员的权力，具有依法罢免、撤换不称职的社区居民委员会组成人员的权力。

第二，财产财务自治。社区居民委员会的财产受国家法律保护，任何部门、单位和个人不得侵犯。社区居民委员会有权拒绝不合理的财力和人力的摊派。社区在兴办公益事业时，可以通过民主自愿的方式，向受益的社区成员筹集资金。政府拨付社区的办公经费，社区居民委员会有权按照规定自主定向使用。社区居民委员会的财产和财务要按照国家有关规定建账管理、公开管理，接受社区成员的民主监督。

第三，社区教育自治。社区居民委员会采用社区成员喜闻乐见的形式，对社区成员开展遵纪守法和依法履行公民应尽义务的教育。组织社区成员开展精神文明建设，倡导和弘扬邻里互助、尊老爱幼、破除迷信等文明新风，创办群众性社区文化艺术组织，开展自我教育活动。

第四，社区服务自治。社区居民委员会可以根据社区成员的需求，通过兴办便民利民服务事业、建立志愿者协会组织、开展社区志愿者活动等形式，为社区成员提供各种生活服务。

第五，社区管理自治。社区的重大问题，必须经过社区议事协商委员会民主协商，提交社区成员大会或社区成员代表大会讨论决定，社区居民委员会对全体社区成员负责，并定期向社区成员大会或社区成员代表大会报告工作，在社区议事协商委员会的监督协调下，完成社区成员代表大会做出的决定和决议。社区成员代表大会有权依法制定社区自治章程和各类社区自治公约，实行自我管理。社区通过建立社区青少年、妇女、老年人、治安调解、文化艺术爱好等协会组织，依法开展自我管理、自我服务和自我教育活动，维护各类人群的合法权益，丰富社区成员的精神生活，提高社区成员的生存质量，维护社会的安宁稳定。

第六，社区居民委员会通过自治的办法和形式，协助政府管理社会事务，如协助政府做好社区治安、优抚救济、爱国卫生、计划生育和青少年教育等多项工作。

第三章 社区治理的现代化及其未来走向

第一节 社区治理体系与治理能力现代化

一、社区治理体系

社区治理体系是治理社区公共事务的制度框架、组织体系、规则机制和策略方法的总称，如果从内容上来看的话，又可以说是对社区经济、政治、社会、文化、环境等方面的综合治理体系。

1.制度框架

根据制度学派的观点，任何社区公共事务的良好治理都取决于是否有一套完善有效的制度框架。社区治理模式不同于政府管理、市场机制，有真正适合社区特点的制度框架。社区治理的制度框架分为宪法层面的社区制度体系、集体选择规则层次的社区制度体系和操作层面的社区制度体系。

所谓宪法层面的社区制度体系就是社区成员的基本权利资格和行为规范，它规定了社区事务的集体选择规则的类型和方式；集体选择规则就是通过什么方式来演变产生社区具体事务的制度规则。社区治理制度框架是对社区民主自治模式的归纳提炼。

2.组织体系

经过20多年的社区建设，我国社区治理的组织体系已经突破原来的街居组织体制，逐步走向社区治理体制。这主要表现在社区组织体系的多元构建和分工合作。当前社区组织包括四大类：第一类是社区党组织体系，对社区自治事务实行综合领导和全面统筹；第二类是居民自治组织，包括居民委员会和业主委员会，根据相关法律对社区公共事务和物业进行自治管理；第三类是社区公共服务组织，包括政府公共服务、社会事业服务和社会福利服务等内容；第四类是商业服务体系，包括社区各种生活服务体系和物业服务组织。

3.规则机制

根据世界银行推广的治理理念，治理主要不是一套制度程序、组织结构，而是多个权威中心协商、协调网络，在相互交往中对相关议题进行调节和引导，实现有效的治理。所以，仅仅有上述制度框架和组织体系，还难以形成有效良好的社区治理，必须强调社区治理的具体协商、协调规则和机制。

治理方式和政府规制方式的具体差别，表现在以下五个方面。

第一，治理指出自政府但又不限于政府的一套社会公共机构和行为者。

第二，治理明确指出在为社会和经济问题寻求解答的过程中存在的界限和责任方面的模糊之点。

第三，治理明确肯定涉及集体行为的各个社会公共机构之间存在权力依赖。

第四，治理指行为者网络的自主自治。

第五，治理认定，办好事情的能力并不在于政府的权力，不在

于政府下命令或运用其权威。政府可以动用新的工具和技术来控制和指引。

二、社区治理能力现代化

社区治理能力的现代化是指社区居民的组织动员方法、居民参与社区事务的设施和途径的现代化转变。推动社区治理能力现代化，也要将传统资源和现代资源有机融合起来，具体而言，包括以下三个方面。

一是了解和尊重不同类型的居民参与动机和方式。例如，有些人出于传统伦理道德参与社区事务、有些人出于党的组织身份参与社区事务、有些人出于志愿精神参与社区事务、有些人出于功利动机参与社区事务，不管是什么类型的社区参与，作为社区工作者，都要清楚并尊重不同群体的参与动机和方式，并创造积极便利的条件来鼓励社区居民积极参与。

二是继承和培养不同类型的社区动员组织方法。党的群众路线是我们社区治理的动员机制之一，这一优良传统仍然需要发扬光大。另外，通过运动式手段，集中社区人力、财力和物力，完成一项重大任务，也是有效的社会动员手段。然而，在现代社会，我们更需要培养专业化的居民组织动员方法，通过人性化的居民联系、民主的集体协商、科学的项目策划、理性的组织管理、有效的激励引导来实现社区动员组织，解决社区问题，促进社区发展。

三是提供多元化的社区公共事务参与途径和手段。社区村务公开是我国农村社区公共事务治理现代化的特征之一，城市居委会也在推行居务公开。不过，社区公共事务的参与途径和手段不仅仅限于公共事务公开，还要开辟诸如决策咨询、协调执行、授权执行、居民监督、居民评价等多种参与的途径和手段。

第二节 社区治理现代化的目标与方向

当前，中国经济社会发展已经进入一个全新的发展阶段。当代中国要实现社区治理的现代化，需要围绕“四个全面”来进一步深化创新，主动适应我国社会主义现代化事业新的总体布局，充分发挥在国家治理现代化进程中的基础作用。在新一轮的社区治理实践中，要实现社区治理体系和治理能力的现代化，必须从如下方面探寻和确立前进的目标与方向。

一、转变政府观念，提高战略引导能力

1.积极转变政府的社区治理观念与认知

经典的制度理论指出，制度设计者的特定认知观念会极大地决定制度变迁的方向、路径与方案选择。制度变迁总是隐含着某种特定的制度理念和观念意识形态。中国社区治理的历史实践表明，特定阶段的社区治理战略总是受到国家经济社会发展的宏观政策战略的影响，受到党和国家对特定时期社会发展核心问题、趋势等判断的深刻影响。

坚持解放思想、实事求是、与时俱进，勇于推进理论和实践创新，这也对新时期推进我国社区治理现代化提出了指导思想，对于政府而言，推进社区治理现代化最重要的前提是进一步转变观念，即不仅仅要认识到从社区管理到社区治理是历史的必然要求，更重

要的是要在观念认知上，在探索实践过程中重新定位政府、市场与社会之间的关系，积极突破既有的权力与利益格局对社区治理创新及治理现代化的束缚与影响。

2.积极转变政府职能，重构多元主体关系

在推进社区治理现代化的过程中，政府要积极转变职能，从宏观战略上加强对社区治理的顶层引领，为市场与社会力量有效参与治理提供适度合理的空间。在传统社区治理中，政府依靠其强大的财政与权威资源，垄断或主导着社区治理，社区治理的行政化色彩比较严重。同时，不同层级政府间、不同条线的政府部门间在社区治理事务中的职能还存在着诸多模糊不清、交叉重叠的情况，不利于社区治理。例如，街道和居委会之间的关系长期未能理顺，居委会实际上大量承接上级政府部门下派的行政事务，妨碍了社区自治的开展。

因此，从政府更新观念与职能转变的维度来说，推进社区治理能力现代化可以在以下六个方面进行深入探索。

第一，进一步推进服务型政府建设。

第二，进一步理顺街道与居委会、社区党组织、社区工作站等社区组织间的关系。

第三，进一步加大政府购买公共服务的规模，优化和完善政府购买公共服务的制度机制（如定价机制、服务需求提取机制）。

第四，进一步改革和完善社区治理财政转移的制度设计。

第五，进一步加强社区人才队伍及相关制度建设。

第六，进一步思考和探索党群组织在社区治理中更好发挥领导作用的路径与空间。

二、推进法治化建设，增强法律保障

加强社区治理、推进社区治理现代化必须建立在法治保障的基础之上。要围绕构建中国特色社会主义管理体系，加快形成党委领导、政府负责、社会协同、公众参与、法治保障的社会管理体制；要全面落实依法治国基本方略。

一直以来，在加强社区治理的实践过程中，党和国家始终强调社区各项事务的治理都要建立在法律、法规的基础之上。但是，也必须承认，在贯彻社区治理的法治化建设方面，还存在着一些薄弱环节和不足之处，比如立法内容滞后、制度设计不科学、法律法规执行失效等。

因此，加强社区治理、推进社区治理现代化的法治化建设可以在如下三个方面开展进一步的探索。

第一，进一步推进依法行政，切实提高社区治理的规范化水平。要依法规范行政主体、行政职能和行政流程，为社区治理提供明确的政策支持和外部约束。

第二，进一步推进依法自治，切实提高社区治理的制度化水平。推进社区治理及治理现代化的法治化建设需要通过贯彻落实法律、法规来加以保障，依法自治。

第三，进一步推进依法服务，切实提高社区治理的标准化水平。

三、健全社区治理多元机制间的协调互动

加强社区治理、推进社区治理现代化的核心还在于有效动员起政府、市场、社会等多元主体间的合作治理以及构建起科层制、市

场交换机制、社会自组织与志愿机制间的有效协调机制，进一步激活多元治理优势。这为进一步建立健全社区治理多元机制间的协调互动提出了更高的要求。

在传统社区治理模式中，我国社区治理更多地依赖政府单一主体以及行政科层制的单一体制机制，没有实质性地动员起市场组织（如物业公司）、社区社会组织、居民、驻区单位等多元主体的有效合作参与。政府的自上而下整合机制与多元横向协调机制间的关系仍然没有得到很好的处理，纵向整合机制的自我强化机制束缚了横向协同机制的有效功能发挥。

因此，与转变政府职能相联系，加强社区治理、推进社区治理现代化，激活多元协调合作，可以从以下方面展开进一步的探索。

第一，创新制度支持体系，重点支持和鼓励科技类、公益慈善类、社区服务类等社区社会组织的发展。

第二，从政策上探索制定社会组织发展的负面清单，为社会组织的发展提供明确的政策法规依据。

第三，进一步健全和规范物业公司、业主委员会、居委会等社区组织间的关系。

第四，加强社区教育，塑造和培育社区成员、社区组织的公共精神，为社区治理现代化奠定良好的认同与价值基础。

第五，加强立法与规则建设，为提升多元共治提供良好的法律环境。

四、建立健全社区民主协商机制

加强社区治理、推进社区治理现代化的重点还在于有效建立起社区治理协商机制，实现社区治理民主、透明、有序。

经过多年的探索，我国社区协商民主取得了一些进展，但还处于初步发展阶段，面临着社区民主协商活动多是自上而下推动进行、多元主体协商意识不强、协商水平有待提高、协商民主制度化建设滞后等问题，推进社区治理现代化必须在建立社区民主协商机制方面进一步用力。

第一，深入挖掘和弘扬传统文化中关于民主协商的理念和思想，合理学习借鉴外国社区民主协商的先进文化，培育具有中国特色、时代特点的社区协商民主文化。

第二，厘清基层政府及其派出机构与社区自治组织之间的职能边界和工作关系，推进基层政府职能转变，推动基层群众自治组织去行政化，切实减轻社区工作负担，拓展社区协商民主的公共空间。

第三，加强对社区协商民主的宣传教育，引导社区居民树立民主意识、程序意识、规则意识，培养民主协商的良好习惯，提高参与主体的协商能力。

第四，积极拓宽基层政府、社区社会组织、物业企业、业主委员会、驻区单位等各主体的协商渠道，加强乡镇（街道）与城乡社区、党组织与自治组织、社区各组织、社区与社区之间的民主协商，提高民主协商的广泛性。

第五，加强社区民主协商制度与基层群众自治制度、社区治理和服务机制等的衔接。

第三节 社区治理现代化的发展思路

一、社区治理理念向现代转变

推进国家治理体系和治理能力现代化的新目标，不仅对基层治理现代化提出了新任务、新要求，也为进一步创新社区治理提供了新动力、新机遇，有力促进了社区治理的观念更新和思路创新。要改变当前社区治理面临的困境，就要树立全新的现代社区治理理念，以思想解放和观念创新来引领和推进社区治理实践深入发展。

1.基础意识进一步强化，社区治理在国家治理中的基础性作用充分显现

社区是社会的基本构成单元，是一个个“小社会”和经济社会发展的缩影。社区是党和政府了解社情民意的基础平台，是落实党和国家方针政策的基础力量。创新社区服务管理，对于保障和改善民生、从源头上预防和化解社会矛盾、巩固党的执政基础、维护国家长治久安具有重大而深远的战略意义。

2.以人为本理念进一步确立，全体居民参与社区治理的主动性、积极性、创造性更加高涨

尊重社区居民在社区治理中的主体地位，是践行中国共产党根本宗旨的必然要求，是人民政权本质属性的直接体现，是发展社会主义基层民主的基本前提，是社区治理创新必须始终坚持的目标和

方向。

3.“四个治理”观念日益普及，社区治理现代化的整体水平全面提升

创新社会治理方式要坚持“系统治理”“依法治理”“综合治理”“源头治理”的原则和要求。推进社区治理，必须树立这“四个治理”的全局性、前瞻性观念，更加自觉地坚持和应用系统治理观，既要将社区建设纳入社会发展的整体战略中予以规划定位，也要把社区看作是由一个个子系统构成的整体来考量。打破应急式思维方式和行为模式，克服“只见树木、不见森林”的片面性和局限性。政府各层级、内部各部门在社区事务上要合理划分管理权限和管理空间，克服“多头管理”和“无人管理”的现象，实现社区事务的综合治理。理顺政府与社区组织之间的职责与功能，发挥社区组织的在地性和能动性，更多地将社会问题的解决控制在社区层次，淡化居委会的行政化色彩，使其在政府力量无法抵达的领域发挥主要作用。建立社区信息的发现、报送、决策、反馈机制，利用科技新手段、信息新平台，加强社区治理主体和社区管理各部门的沟通合作，特别是面对社区重大应急问题，形成快速、有效、让居民满意的常态化处理机制。

4.城乡一体化观念更加清晰，城乡社区发展统筹推进

推动城乡一体化发展，落实到社区治理中，就是要加快推进新型农村社区建设，实现城乡社区均衡发展，切实地把城乡社区建设成管理有序、服务完善、文明祥和的社会生活共同体。

二、新型社区治理结构进一步形成

1.加强基层党建，巩固党的领导核心地位

（1）社区党组织政治核心地位得到强化

要通过加强基层服务型党组织建设，增强基层党组织领导能力，使其在社区建设与治理中发挥总揽全局、协调各方的政治核心作用。规范和严肃党在社区的工作制度，坚持和完善基层党员设岗定责、依岗承诺制度，增强党员责任感、使命感，落实党员到社区报到制度，使党员自觉地在服务群众中站出来，完善党员学习制度，增强党员干部密切联系居民群众能力、为社区谋发展能力、解决实际问题能力和为居民群众办实事能力，积极参与到社区建设与治理的各个环节和各个方面。

（2）社区党建工作的平台和机制不断完善

只有通过丰富的活动载体和多样的活动平台，基层党组织战斗堡垒作用和党员先锋模范作用才能得到有效体现和充分发挥。社区党组织建设要始终植根居民、服务居民，要把党建问题与解决居民实际问题结合起来，在创新服务居民上多花心思、多想办法，多提供“适销对路”的服务。

2.深化政府职能转变，基层政府发挥主导作用

（1）政府延伸到社区的社会管理和公共服务职能进一步得到调整、规范

第一，建设服务型政府，加快实施政社分开，简政放权，适合由社会组织提供的公共服务和解决事项，都交由社会组织承担，积极推广“政社互动”机制，科学划分基层政府及其派出机构与社区之间的权责关系，制定基层政府权责清单，明确社区居民自治权限

边界，完善政府与社区之间的合作机制。

第二，政府各部门向社区延伸的职责得到规范和整合。积极推进“一站式”服务，提高为社区居民提供公共服务的能力和水平。制定政府在社区建设与治理中的公共权责清单，坚持政社分开，严格按照权责清单履行政府职能和监管责任，必须明确到具体部门和行政人员，使每个部门和行政人员切实负起责任来，政府有关部门不得将应由自身承担的行政性工作摊派给社区组织。不断创新政府提供公共服务产品的方式，探索实行政府购买社会服务的范围、条件和监督机制，交由社会组织承担的工作可以采取招标委托方式，但是政府必须要求其严格按照国家有关规定进行操作，并加强监管工作。在政府优化管理与服务的技术支撑上，要积极引入最新科技成果，实现治理技术和手段的创新，特别是要建设社区信息化平台，提高社区管理和社区公共服务的自动化、信息化和现代化水平，降低管理服务成本。

第三，政府对社区服务的统筹规划和政策指导职责切实加强。突出规划的前瞻性和预见性、科学性，吸取国内外社区建设与治理的经验教训。充分考虑人口、资源与社会发展之间的关系，运用多学科知识与方法，以前沿学科和发展实践为导向，结合城市人口流动、城市土地规划和城市空间布局等因素综合考量社区服务设施建设，统筹安排各类资源的整合与利用，完善社区各类服务设施，健全服务体系，增强服务功能。在完善社区服务机制上，将政府服务的行政机制、社会服务的志愿机制和市场服务的竞争机制有机整合起来，进一步转变政府职能，加强公共服务职能建设；社区社会组织也要积极开展互助性和志愿性的社区服务，充分发挥市场机制在社区公共产品中的资源配置与整合功能。

（2）政府与社区组织的权责边界进一步清晰化、合理化，基层政府的职责定位进一步明确

政府与社区的权责边界将纳入法治化轨道。从社区治理的实际情况来看，“社区居委会组织法”的规定内容已经不适应丰富多彩的社区治理实践的需要，而相应地制定出台“社区居民自治法”，明确社区居民自治权，规范政府行政权势在必得。为保障社区居民自治权，应对社区的性质、作用和地位做出明确规定，明确自治主体在社区治理中的权限；明确政府在社区治理中的职责，避免因法律规定上的模糊而导致社区治理行政化的弊病；明确规定社区与居民、政府与社会组织的关系，对社区社会组织的设立、管理和运行等做出明确规定；健全社区运行机制，为社区建设与治理提供法律和制度上的有力保障，同时使政府与社区自治组织的职能分工更加合理。

（3）政府主导与居民主体有机统一的局面逐步形成

社区居民的主体地位与政府的主导作用是辩证统一的，二者统一于社会主义民主政治建设的实践中。在我国社区建设与治理过程中，要始终把握好居民的主体性和政府的主导作用这两个维度，并构建两者的良性互动关系，使之和谐共生、相互促进。

三、市场机制优化作用进一步强化

在产权明晰和民主法治的条件下，市场和资本在促进经济社会发展、实现社会资源有效配置、提高群众生活水平、降低社会生产交易成本等方面的正向作用，就能得到最大程度的发挥和利用。当前，完善社区公共产品和服务的供给机制，不断提高社区公共服务

的保障能力，其中重要的一条，就是要充分利用市场机制和资本的力量，优化社区资源配置，发挥市场主体在社区建设与治理中的积极作用，实现资本力量、市场机制与社区居民的有机整合。

1.物业服务企业的服务功能进一步强化和规范

第一，物业服务管理加快步入法治化轨道。

第二，尽快制定“物业服务操作规范”。

第三，行业主管部门对物业服务管理行为的监督管理将更加有力有效。

第四，物业公司自身服务能力建设得到切实加强。

提高物业从业人员的整体素质，一方面要严把入口关，严格社区物业公司从业人员的招聘、考核、培训、管理、离职等各个环节的工作，对物业从业人员的个人素质、职业礼仪、职业纪律、规范用语、岗位职责等做出明确规定；另一方面要经常性采取集中培训和分散培训相结合的方式以及以老带新等多种方式，加强对员工的培养培训，不断提高物业工作者队伍的整体素质。物业公司自身要建立严格规范的各项管理制度，对小区卫生、绿化、安全、秩序等方面的管理与服务工作要有具体的实施细则和标准，加强对员工的规范化管理与考核。

2.市场主体投入社区公益事业的激励机制更加健全

第一，法律制度建设进一步完善，为市场主体积极投入社区公益事业创造了良好的法律制度环境，进一步为市场主体投入社区建设提供制度保障。

第二，多元化民生领域建设投融资和运营机制进一步建立。充分发挥政策和财政投资的引导作用，以财政投入带动民间资本进

入，鼓励引导社会资本投向民生和社会事业建设，做大做强社会公共事业。

第三，社区慈善事业创新发展。

第四，公平、公正、统一、开放的社区服务市场秩序进一步优化。公平开放的市场秩序，是保证市场主体有序竞争、良性竞争的前提条件，只有在一个秩序良好的市场环境下，才能使市场主体在追求盈利的同时，为社会公益事业服务，从而将企业经济效益与社会效益较好地结合起来。要坚决贯彻执行《中华人民共和国反垄断法》和《消费者权益保护法》等法律法规，为市场机制发挥作用创造公平公正的法律空间，使市场处于充分有效的竞争状态，保护消费者的合法权益。一方面，要防止企业在市场竞争中通过兼并等手段形成独占地位或垄断优势，违法实施限制经营者的市场准入，排斥、限制或者妨碍市场竞争行为，进而破坏竞争机制；另一方面，还要防止和纠正现实中存在的行政垄断和行业垄断问题，即政府及其所属部门滥用行政权力，排除、限制竞争的行为，或者制定含有排除、限制竞争内容的规定。行政垄断在当前主要表现为行业垄断和地方保护主义。对此，要勇于进一步破除各种形式的行政垄断，积极拓宽社会资本进入社会事业的领域。

四、社区服务体系加快建立完善

以公益性、互助性、自愿性和民间性为中心，通过平等协商、互帮互助、同情共感为纽带和桥梁，建立和完善社区建设与治理的各种社会服务机制，从而形成一种责任共担、利益共享的服务格局。

1.政府投向社区的资金资源整合机制进一步建立健全

第一，整合资源，因事设岗的岗位管理制度逐步推行。

第二，“人随事走，费随事转”的财务管理制度进一步落实完善。

第三，社区用人机制和社区各项管理制度进一步创新完善，逐步建立和完善与聘用制配套的解聘制度和辞退制度。

2.政府购买社会服务机制在推广中不断得到完善

第一，政府购买服务的范围不断拓展。

第二，政府购买服务的操作程序不断规范。

第三，政府购买服务的监管力度不断强化，严格资金管理，确保政府向社会力量购买服务资金规范管理和使用。

3.社区专业化服务组织得到重点扶持，社区社会工作服务不断普及和提升

大力发展社区社会工作组织，有利于防止和解决各类社会矛盾，维护社会秩序，促进社会和谐；有利于社会有效承接政府转让的社会服务职能，促进政府职能转变；有利于提高社区服务业向更高水平发展。

一是完善社区工作者队伍建设机制。在工资待遇上，针对当前社区工作者工资待遇偏低、队伍不稳定的现状，要采取财政补贴、工作奖励、社会保障等方式，切实解决社区社会工作者在生活补贴、工资增长、社会保障等方面的福利待遇，建立合理的工资增长机制，使社区工作者报酬增长同经济社会发展水平相一致。在工作能力的培训上，要经常开展对社区工作者专业知识、服务技能、思想素质等方面的培训与再教育活动，不断提高他们热爱社区、乐于

奉献、服务居民、建设社区的意识和能力。

二是创新人才选拔机制。加强城乡基层社会工作者队伍建设，强化社会建设人才保障。完善公开招聘、合同管理、专业培训的机制，形成专兼职结合、结构合理、素质优良的社会基层建设与治理的过硬工作力量。优化社会建设队伍结构，重点加强党群工作者、居委会干部、社会工作者、志愿者四支队伍建设，鼓励机关干部、事业单位职工、大中专毕业生、复员转业军人以及退休公职人员和专业技术人员等经过法定程序，入岗从事社区工作，逐步实现社区工作人员年轻化、知识化、专业化。将城乡基层作为培养选拔干部的重要来源，着力建设一支善于做群众工作和社会工作的基层干部队伍。

三是充实社区人才储备与人力资源。从社区人口结构来说，社区居民具有不同的年龄、技能、学历、爱好、特长等特征，这些决定了他们在社区建设与治理中能够发挥不同的作用，推进社区建设与治理有多种意义。充分重视发掘和动员各类人才在社区建设与治理中的积极作用，将各类人才吸纳到社区建设与治理事业中来，尤其要动员共产党员、共青团员、公务员、专业技术人员、教师、学生等各类人员，积极加入各类社区群众组织和团体，优化社区组织的人员结构，壮大社区组织的社会力量。指导这些社区组织开展社会救助、优抚、助残、老年服务、再就业服务、维护社区安全、科普和精神文明建设活动，不断创新服务形式，提高服务水平。

4.社区法律服务体系建设务实推进

传统社区的治理主要依靠宗族、血缘、情感等社会性因素，现代社区治理在保留以上优质要素的同时，要树立法治理念，保障社区治理的专业性和法治化。完善基层法律服务体系，有助于形成有效的社区治理秩序，保障居民合法权益，规范国家和其他社会主体的行为，推进社区治理的各项工作，这对于建设诚信社会和法治中国都具有十分重要的作用和意义。

第一，社区法律服务体系建设纳入统筹规划。将建设社区法律服务体系逐渐从大中城市向小城市和城镇铺开，使社区法律服务体系随着新型城镇化的进程而不断完善发展，随着经济社会的发展而不断深入推进。创新社区法律服务的形式与载体，使好的想法和好的内容有好的实现载体和形式，从而有利于扎实推进社区法律体系建设的进程。要以“律师会客厅”“社区律师工作室”等形式创新社区法律服务工作，组织律师等法律服务人员点对点扎根社区，构建基层律师法律服务网络。不断充实社区服务内容，在社区法律服务活动的内容上，实现“六有”，即有一支比较稳定的服务队伍、有一个比较固定的社区法律服务阵地、有一套效果较好的工作机制、有一套比较系统的法律图书、每季度有一次免费的法律辅导课、每个月至少有一名法律服务工作者在社区值班一天。

第二，业务能力强、思想道德素质好、甘于奉献的社区法律人才队伍加快建设。社区建设与治理要立足于社区、面向社会、依靠社会，采取社会化、市场化的手段，不断充实社区法律服务人才队伍。

五、社区公共精神得到进一步培育和提升

1.社区公共空间进一步构建和拓展，居民对社区的认同感和归属感不断增强

社区治理的远期目标之一是增进社区居民的认同意识，包括居民对社区的认同、居民间熟人关系和熟人社会的建立、社区归属感的

形成等方面。要实现这个目标，需要充分利用并开创更广的社区空间，在更大范围内调动社区资源，通过开展各式各样的社区活动，让居民相互接触，了解社区、熟悉社区，增进社区的社会资本。

发掘社区本土文化资源，打造人文社区。拉近居民的情感距离，积极打造民俗文化交流阵地，成立社区居民文化艺术中心，内设居民手工艺品展厅、居民书画室、本土文学作品收藏室、兴趣培训班、公益书法讲堂等功能室，鼓励社区民间艺术爱好者积极进行书法、绘画、泥塑、烫画、剪纸、刺绣等作品创作，将社区居民文化艺术中心打造成为一个集社区文化、道德教育、休闲娱乐、才艺展示、参观交流等多功能于一体的公益性群众文化活动场所。

居民对社区公共事务和活动的参与度不断提高。一是要进一步提高社区公共生活对社区居民的吸引力。一个社区日常公共对话与交流如果是充分的、有效的，社区居民关注社区治理和发展，居民参与性高，具有很强的社区认同感和归属感，有强烈的公平正义感，真正把自己的思想、活动纳入社区这个共同体范畴之中，那么，作为这种公共生活的一种集中表现形式，社区民主选举等政治活动也就会有良好的人际基础和社会土壤，从而能够将反映居民意见与贯彻国家政策法律两者较好地对接起来。二是要发挥社区文化活动设施便利居民参与公共生活的作用。建设好社区图书馆，及时更新图书，维护好图书馆电脑、座椅等基础设施的正常功能，制定图书馆借阅规则，保证图书馆规范运作，使图书馆成为社区的文化高地和居民学习交流的精神港湾，设立形式各异、特色鲜明的各类“读书日”“读书节”等活动，每年开展读书征文评比活动，切实提升居民的文化素养。充分利用文娱活动室的活动功能，制定活动日程表和值日表，为居民开展各种文化兴趣活动提供一个良好的公共空间，打造具有浓郁文化氛围的娱乐活动场所，实现寓教于乐。充分利用橱窗宣传社区文化，坚持定期更新内容。及时展出居民中好人好事典型事迹，使橱窗展示区成为居民茶余饭后耳濡目染、开拓视野的好去处；增设宣传公告栏，向居民表达“戒陋迎新”的重要性；制作多样化的温馨提示板，发挥警示教育作用。

2.社区志愿者服务蓬勃发展，志愿者服务激励机制进一步健全

在社区建设与治理过程中，由社区居民组织和参与的各类社区志愿者组织是一支不可忽视的重要力量。激发社区志愿者组织的参与热情和活力，壮大社区志愿者组织的力量和规模，提升社区志愿者组织自体调节能力和社会免疫力，为志愿者组织活动积极提供条件和便利，可以有效增强社区公共服务能力，培育社区社会资本和社会信任，从而为社区居民自治提供不竭的动力和支持。

3.社区协商机制加快建立健全，社区民主参与的渠道、范围和途径不断拓宽

第一，社区协商的平台不断丰富。

第二，民主协商的程序不断完善。

第三，常态化的社区协商机制逐步建立健全。

第四，社区民主协商活动广泛开展。

第五，社区协商制度建设切实加强。

第六，对社区决议执行情况的监督机制进一步落实完善。必须落实并保障群众的监督权，完善居民对社区议事会决议执行情况的监督，将群众评议结果纳入党政部门工作考核机制中，增加群众评议结果在党政部门工作考核中的权重，促使党政部门不断改进工作作风，努力提高工作效率，尽力提升工作质量，全力做到对居民负责。

第四章 社区治理的网络化与发展趋势

第一节 社区治理网络化的相关理论

国内外学术界对于社区治理的研究由来已久。而除了社区治理研究之外，在新的信息网络环境下，以改进政府工作流程、提高政府工作效率、完善政府职能等为核心议题的电子政务研究也在近年方兴未艾。与之相对应的是，国外学术界在涉及信息通信语境下的社区治理研究时，将电子治理这一主题推到了风口浪尖。因此，在研究社区在网络环境下的治理问题之前，首先需要对电子治理及其相关概念加以认识。

一、电子治理的相关理论

1.治理与电子治理

“政务”是行政机构将政治转化为政策和立法的过程，“治理”则是政府、公共服务及居民之间通过政治过程、政策制定、项目设计以及服务提供互动的结果。随着人类社会迈入20世纪，信息技术的飞速发展与应用给政府带来了新的活力，导致了一系列的管理变革，并衍生出了一系列依附于网络的新型公共事务管理概念，如电子政务、电子治理和电子民主等电子治理与治理理论一脉相承，拥有共同的理念和目标，同样具备过程、协调、主体多元化和持续互动四个特征。网络社会环境下，每个人都有获取所需政务信息、参与治理过程的权利。联合国教科文组织将电子治理实施所涉及的领域概括为电子民主、电子服务、电子行政三个方面。

从电子政务发展到电子治理，关键是实现公民参与方式的转变和参与程度的不断深入。电子参与是电子治理的核心运行机制，联合国公共行政网将电子参与的框架界定为电子信息、电子协商和电子决策三个方面。

2.公众参与与电子参与

国内对于公众参与一词的提法和理解各有不同，对公众参与这一概念的定义也表现出了多元化特征，存在相同地域有不同的范围与内容的界定的情况。尽管对公众参与的侧重角度各有不同，但是，就公众参与的实质而言，均肯定并强调了公众参与中参与所应具有的特征，即公众在集体社会生活中作为社区成员共治功能的自我实现。

过去，由于沟通渠道有限，社区公民参与的实际效果不佳，规划过程中民众参与通常属于被动的单向告知的情形，政府规划者和民众之间不易有彼此讨论交换意见的机会网络来提供这样一个互动的平台。电子化的参与方式可以解决过去受限于时空因素而导致参与不畅的问题。信息通过网络可以进行及时更新，互动可以在政府部门与民众及民间组织之间建立一种适宜的讨论机制。民众在网络上表达自己的意见与想法，政府部门则可以更加充分地了解民众的心声，从而根据合理的意见做出相应修改、调整，完善相关政策，进而让政策的制定更为民主化并符合当地的实际需求。

对于电子治理中公众参与决策的程度，可以用公众参与的阶梯性模型来展现，包括三个层级共八个阶梯。依照参与程度的不同可分为八个阶梯：操纵、教导纠正、信息提供、咨询、安抚、协作参与、授权、民众掌控。进而根据参与的程度归纳为三个层级：无参与、象征性参与、完全参与。具备双向沟通能力的互动性网络参与方式具有更好的参与效果，而传统的、基于单向沟通的网络参与方式则存在较差的参与效果。

互联网为民主发展提供了一种新的载体，在不影响民主本质的前提下，改变了民主运行的方式。网络被用来增进民主进程，增加公众个体和社群与政府互动的机会，并为政府从社群中寻求信息反馈拓展了空间。网络是培育、增强以及变革传统民主进程的重要媒介。

二、社会网络基本理论

1.六度分隔理论

六度分隔理论也被称为“六度空间理论”，于20世纪60年代提出。六度分隔理论最初只是人类社会学上的一个猜想，其要义在于指出人与人之间的社会关系存在有限层次的间隔。1967年，在不具备现代信息通信工具的条件下，初步测试出任何两个不相识的人之间的间隔度平均约等于六。然而，由于受当时技术条件的限制，该实验的结论因实验范围偏小而备受争议。进入21世纪，随着信息通信技术的进一步发展，尤其是国际互联网的飞速发展与普及，使得大规模验证试验成为可能。作为情报学的基本原理之一，小世界原理是情报相关性的具体反映，互联网上的各类网站、网页、网络目录和上网用户之间的有效链接都展现出一种强大功能，即信息载体和信息传递方式都构成了小世界网络。

六度分隔理论一方面说明了一个联结人与社区的人际关系网的存在，另一方面也说明了社会中普遍存在的“弱纽带”往往能发挥出强大作用。

六度分隔理论的发展，为构建于信息技术与互联网络之上的应用软件日趋人性化和社会化提供了理论依据。而社会性软件所构建的“弱纽带”“强威力”现象，正在人们的生活中发挥着越来越重要的作用。软件的社会化一方面加速了现实社会关系和人际圈子的形成，另一方面也使得人的活动与软件的功能融为一体。

六度分隔理论最典型的应用有社交性网站，如Facebook和Gmail，以及时下正在流行的博客等社会性软件。网络正无处不在地影响与渗透着人们的学习、生活、工作。由此，以六度分隔理论为基础的技术应用使得新的网络环境下社区治理模式的改进成为可能。

2.长尾理论

长尾理论是网络时代的一个新兴理论，长尾指的是数量和种类二维坐标上的一条需求曲线。随着网络技术及其应用的发展，人类社会文化和经济生活重心正在加速转移，从传统的需求曲线头部的少数主流转向需求曲线尾部的大量种类的产品和市场。在一个没有实物空间限制和其他应用瓶颈的时代，面向特定大众群体的产品和服务可以和主流相抗衡。长尾理论是范围经济与规模经济的完美结合。

长尾理论是对1906年意大利经济学家帕累托提出的经典二八定律（又名帕累托定律）的极大挑战。在互联网的推动下，被奉为传统“商业圣经”的二八定律开始有了被改写的空间，非主流大众有

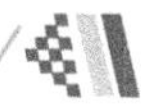

望从“幕后”走到“台前”。

长尾理论在空间无限的互联网领域否定了传统的二八定律这个普遍适应的经济法则。在传统的观念中，当市场过小时，相应的收入也比较少，而开拓市场的人力成本却不见减少，因此长尾市场就很可能是个亏损的市场；而当高新信息技术出现后，用低成本甚至零成本去开拓和维持无数个小市场成为可能。因此，互联网的企业需要从一个崭新的角度去考虑发展的方向。而长尾理论则为他们指明了一条出路。

三、社会网络理论对社区治理的影响

“社会性”是社会网络理论的一个核心特质，也是基于该理论的Web2.0社会性软件应用备受社会各阶层关注的核心要素。它的社会性特质为人们在互联网络环境下实现汇合、联系与合作提供了重要的中介传播工具。处于同一网络环境中的成员借助一定的管理机制，能自行决策本社区的使命与治理。

自主性、互动性已然成为时下以及日后社区治理改善的重要思路。没有社会基础、没有群众基础的治理是没有生命力的、僵硬的管理路数。从这个角度看来，具有社会性特质的社会网络理论为我们改善现有的社区治理提供了重要的发展思路与理论基础。

六度分隔理论说明了社会中普遍存在的“弱纽带”，却在发挥着十分强大的作用。例如，对于增减某项社区服务设施，仅靠社区管理人员上门征询意见，或者广泛派发意见表等形式来取得综合意见，不仅周期长，耗费人力大，且容易忽略社区内的某个意见群体，如早出晚归的上班族。此时，如果存在一个能够较好弥补上述不足的平台，类似的社区治理工作将显得更为高效、便捷，互联网环境下的社区电子治理的质量也将得到大幅度提升。六度分隔理论的发展，使得构建于信息技术与互联网之上的应用越来越人性化、社会化。六度分隔理论的发现及其在互联网环境下的实证表明：社会网络所构建的“弱链接”，正在人们的生活中扮演着越来越重要的作用。由此，社区治理的改善以及社区电子治理质量的提升有望借助这一理论得以实现。

二八定律作为一种传统的经济规律和普遍的社会现象，一直深受各社会领域决策者的青睐。对于企业而言，掌握百分之二十的高端人群就能够为企业带来百分之八十的利润。对决策而言，掌握百分之二十的代表性人群的意见，就能够做出适用于余下百分之八十的人群的决策。然而，随着社会经济生活的变革，在某些领域，二八定律不再是铁的定律，长尾现象凸显了出来。长尾理论所主张的是，只要汇集的数量足够大，非主流的、力量小的群体也能够和主流的、力量大的群体相匹敌。对此，也有人将这一现象归结为现代信息传播范式已经由过去“点对面”的传播方式向“点对点”的传播方式转变。

长尾理论表述起来固然枯燥，事实上却意外新鲜：我们身边的网络也长了一条长长的尾巴。试想，如果将网民算作发声单位，那么，当下能够发表独立意见的个体，将会远远突破报纸、杂志和电视台的现有数量。身边的每一个社会成员都可以成为网络长出来的“尾巴”。没有互联网之前，人们从报纸等传统媒体上获取资讯，成为信息的接收者，是孤独的思考者，在孤岛上等候每天定时定量空投下来的给养。自从互联网进入我们的生活，借助这个媒介，人们的角色演变为信息的创造者、信息的传递者以及信息的解读者。

每一个人的声音都可以在这个媒体上亮出来。个体的力量便凸显了出来，这是网络时代赋予我们的独特力量。这一长尾现象，一方面表明了来自最基层的、与日常生活息息相关的社区管理政策适用者的意见力量，另一方面同样也为社区治理提供了新的思路，即重视社区普通居民的声音，努力发觉其中合理的要素，并将这些要素转化为改进治理实践的基础。

第二节 社区治理网络化的电子治理

一、网络环境变迁对社区治理的影响及启示

首先，从上网的场所来看，家庭已经超过网吧成为网民上网的最主要场所。其次，网络新闻得到快速发展，互联网已经成为一个不可忽视的舆论宣传阵地。再次，作为用户自创内容的重要应用，博客在用户规模和活跃度上保持了双增长。这种增长既离不开人们物质文化生活水平的提高，也离不开互联网技术的迅猛发展及其应用的普及。网络在我们的日常生活中扮演着越来越重要的角色。网络的便利性与快捷性在加速信息传播、传达公众意见、促进各级政府对信息的接收与响应、实现公众参与的可行性等多方面开始发挥着越来越重要的作用。

良好的电子治理中，政府不仅可以利用信息技术来改善其信息和服务的提供，也可用来鼓励民众参与到政府政策制定的决策过程当中来，进而让政府变得更加可信赖、透明和高效。新的网络环境下，曾经是治理对象的市场与市民，借助信息技术提供的空间将逐

步蜕变成为参与共同体管理的行为者。信息技术的发展引发了传统的以政府为中心的管理体制的逐步弱化，并试图在虚拟空间中形成新的治理机制，通过双向的协商和沟通来构建非集中型的社会关系网。网络环境变迁对社区治理模式的影响与启示主要包括以下两个方面。

1.开放性的交互方式

随着信息技术的发展，互联网已渗透到广大民众的生活中，日益成为人们工作和生活的基本工具。越来越多的人开始借助网络评论和参与重大事件，反映社情民意，表达自身诉求，网民群体已经成为推动政治、经济、文化与社会发展的一股重要力量。倾听网络民声，是各级领导干部联系广大群众的一个重要平台，是党和政府关注民生的重要渠道。

网络民意、网络舆论、网络监督、网络反腐等一系列特定名词，在网络媒体及互联网领域中留下的独特烙印，也相继成为近年来各级政府改进工作的亮点。最近几年，上至国家领导人，下至地市甚至是街道负责人对网络舆论的重视早已给网友留下了深刻的印象。各级领导干部重视网络的事不胜枚举。就社区治理层面而言，建立服务型社区就是要把社区服务政策和意见真正送到社区老百姓的身边，真正做到“权为民所用，情为民所系，利为民所谋”。网络问政或者网络议政“互动”的特点让论坛这个“互联网元老”历久弥新。

2.协作性的交流平台

作为21世纪最具颠覆性的大规模协作技术的代表，维基（Wiki）以其特有的“投入和共同创造”的经济模式备受互联网

络业青睐，进而衍生出一个新的经济名词——维基经济学。

值得关注的是，近年来，越来越多的政府官员通过网络与民众对话，了解民情民意，这也成为中国政坛的一股新风气。新的网络理念和工具如Web2.0技术、绿色IT（或者说是环境可靠的IT实施）以及Wild的共建型平台，连同日益改变的公民意识和新一代数字技术的发展共同形成了新一代的社区电子治理范式。世界各国的政府部门早就在其电子政府改革中筹划或者实施基于Web2.0技术的治理实践，如在YouTube上发布政府选举活动的视频、博客评论以及基于维基的服务应用。如果将“网络问政”深入到社区电子治理层面的实践中，那么一方面是社区问计于民、了解民意，另一方面则是广大辖区网民对社区的监督和提醒。

个人计算机及网络的普及在带给人们生活、工作便利，从根本上改变了人们生活方式的同时，也对政府公共管理带来了重大的冲击，Web2.0的亲民性和易用性为公众参与网络体验带来切身感受的同时，也为政府公共管理开启了一扇门。Web2.0技术的兴起以及应用的普及，对改善社区治理而言，既是挑战也是机遇。

二、我国社区治理网络化现状

我国电子政务的发展可以追溯到20世纪80年代初，在经历了概念导入、舆论造势、技术驱动三个阶段后，目前已步入了应用主导阶段。

社区信息化是社区治理的基础，也是实现社区电子治理的起点。而社区电子治理作为电子政务的末梢，是城市治理的基石，更是政府加强城市管理和为民服务的重要手段。从现有研究来看，多数将我国社区治理实践归结为行政主导型、社区自治型和混合型

（或称为合作型）三种模式。然而，随着信息化建设的层层推进，以改进传统的社区治理模式，建立新网络环境下社区电子治理范式为重点的社区电子治理实践正在如火如荼地展开。社区信息化成为我国城市社区建立的一项重要内容。从北京、杭州等地社区信息化的实践来看，建立以社区门户网站、信息亭、管理信息系统等为平台，融社区管理、社区服务及社区教育于一体的社区信息网络架构大有可为。

1.侧重行政管理的北京模式

北京作为我国的首都，其电子政务建设在全国是开展得最早的，其建设和运作模式对其他城市具有较大的影响。“数字北京”是北京信息化的战略口号和奋斗目标，其核心工作是在各大官方信息网间互联互通的基础上深度开发和综合利用各种信息资源。

从社区网络信息平台上的功能设置来看，主要实现的是信息发布功能，仅有的信息互动项目如社区论坛、网上调查、民主评议、意见或议题征集等，也基本保留了一般政务网互动栏目的传统，以Web1.0为主打，而没有开通任何涉及社区居民用户交互体验的新功能。

总体来看，侧重行政管理的北京模式，是通过政府各级组织的渠道将电信业务渗透到社区、居民以及周边商家。北京社区信息化着眼于使政府更好地行使管理职能，实行政府自上而下、统一规划、统一投资、统一建设、统一管理的一盘棋运作。

2.侧重商业服务的杭州模式

杭州市地处长江三角洲地区，经济发展较快。为了明确社区信息化建设的方向与范畴，杭州市民政部门把社区界定为：经过社区体制改革后，做了规模调整的居委会辖区，原居委会改为社区居委会。在实践中，为了便于服务管理、资源配置，以原有居委会为基础，以地缘关系为参考，遵循居民自治的原则，规划了新型功能性社区。

杭州市社区信息化借助通信网络运营商的物理网络和技术支撑，利用ADSL VPN为主的混合组网技术，构建全市区、街道、社区三级联网的网络架构，实现社区数据的整合，并与杭州市原有的96345市民呼叫中心实现呼叫联动。

值得关注的是，在功能模块设置上，杭州社区网开通了“杭州百科”专栏，鼓励社区管理员和社区居民共同撰写杭州的网上百科全书，并在“杭州百科”专栏下开设“贡献排行榜”和“热门标签”等功能。除此之外，社区博客、书签功能、标签功能、RSS订阅功能以及具有社交网性质的“朋友圈”等基于Web2.0的个性化信息服务功能，也已整合到了社区网络平台上。

从杭州社区信息化建设及其治理实践来看，其落脚点是在完善电子社区建设的同时规范商业服务，通过企业利益的实现推动社区服务的可持续发展。社区信息化建设与各小区的物业公司合作，围绕物业公司及社区业主的需求开发或整合业务。注重商业服务的杭州模式在实现社区行政管理功能的同时，较好地整合了企业的资源。

第一，从政府管理的角度来看，政府以民主的形式将一些服务和管理的职能市场化，真正实现政府搭台、企业唱戏。这样既减轻了政府的负担、提高了行政效能，又体现了服务型政府的功能。此外，通过招标等方式引入竞争机制，可以有效地调动社会各方面的资源，为社区电子治理带来持久的动力，推动信息产业发展。

第二，从企业参与的角度来看，企业在提供服务的同时又兼顾到了收益，这样有助于激发企业的创新精神，促使企业的服务提供与改善以用户需求为导向，从而使服务供需能够较好地磨合与改进。

第三，由于企业积极主动的介入，居民用户的诉求更容易借助企业这个推手加以实现，最终实现政府、企业、居民之间的多赢互利，为和谐社会的构建奠定坚实基础。

三、国外社区治理网络化现状

1.美国的社区电子治理实践

（1）Beyond Voting——电子民主工具应用

当今世界各国的各级政府管理部门都在探索、总结民主建设进程中的经验与教训，以期在政府的政策制定过程中能够反映更多的民声和民意。居民能够通过他们在公众网页上的自由修改来表达自己的想法，从而改进政策制定。这里就用到了一种基于合作的网页技术，即维基。维基适时地脱颖而出，并成为民主改革进程中的一朵奇葩。

一些小的地方政府部门其实早已经在使用维基了。纽约市最基本的行政管理机构是社区。纽约市共有59个区，每个区都有一个社区管理委员会，简称区委会，每个区委会一般配备50名成员，由所选举出来的区长任命。社区委员会是纽约市最基层的政府管理机构。第三委员会，也即皇后区委员会，是纽约市的59个社区委员会当中的一个，该委员会有一个技术指导委员会负责提出、评价和实施对政府治理有用的技术。该技术指导委员会主席格蕾丝·劳伦斯开发了“Beyond Voting”维基。

汤姆·卢恩霍普特自1992年起便担任了皇后区第三区委会的成员。“Beyond Voting”维基最初开通使用的第一个月，访问量便达到了3500，不过多数是以消息的访问方式出现，仅有12个访问是积极的。这一现象引起了汤姆·卢恩霍普特的注意，他意识到这个维基还未能达到应有的目标。为此，他专门设置了5个职业邮件群发者，当Mediawiki软件允许管理员限制那些已经注册的会员进入时，由他们负责在第一时间内将相关内容链接到维基上。

作为维基应用网站的创立者与治理机制的设计者，汤姆·卢恩霍普特说出了其使用维基的初衷：他希望借助维基来提升委员会成员的社区意识。他还计划在“Beyond Voting”进行综合评估之后，继续将维基技术用到其所在城市的宪章修订过程中。

然而，电子民主专家则认为，“Beyond Voting”需要一个明确的中心。对此，民主在线的编辑史蒂文·克里夫特指出，确实需要指出或者养成一种方向感。他认为，编辑应用要在每一项维基贡献传递到决策者手中前进行筛查。为此，他建议应该仅将那些最有价值的材料向委员会成员发放。

作为区技术支持机构，技术指导委员会还通过区委员会向全纽约市建议在全市各区的电子治理中引入简易资讯聚合技术，也叫聚合内容或者网摘，是一种可以通过网上信息自动发送的协议。该技术委员会在建议书中指出，一旦某个条目的信息用到网摘协议，网摘阅读器就能够检测到它的修订并且以特定方式做出回应。例如，一个社区委员能够利用网摘阅读器在某个特定时间，如每周一上午七点，去检查所辖社区警察部门的网站来了解警察部门是否发布了新的违法犯罪统计资料。

对于一个仅有三名管理人员且无一懂计算机技术的社区管理机构来说，社区委员会的成员是很难运作网站的。如果所有的相关政府部门都能用到网摘，那么委员会就能够将其网摘阅读器纳入其网站，并使全市所有的网站都能及时更新。通过网摘的使用，政府部门间以及政府部门与公众间能够进行更好的沟通。因此，皇后区第三委员会要求所有的公共信息都要能够进行网摘或被其以聚合形式利用。其中居民的底线为网摘应能使其在很短的时间内对来自网站的信息进行评论，社区委员会的底线为网摘能允许其简便、快捷、低成本地向居民发布新闻报道、消息、日程清单等各类信息。

（2）My Bike Lane——新型电子监督工具

自行车的运动性和环保性使其对一个城市做出了不小的贡献。纽约市政府为了照顾自行车爱好者，特别设置了一些比较安全的自行车道（Bike lane），划出约300英里的自行车专用线，深受骑自行车人士的欢迎。但是自行车道很多时候被其他车辆占用，市政府曾一度为如何解决自行车道被汽车霸占的问题费尽心思。市府法例禁止汽车阻塞自行车道，违例者可被罚款115美元，但这项法例常常遭到驾车人士漠视，他们仍然把自行车道当作泊车处、上落货区与上落客区。市政府一直在完善自行车道的设施，扩大了一些自行车道并增加缓冲地带，进一步使汽车与自行车分开。布碌仑与曼哈顿的有些自行车道甚至被刷上绿漆，希望能够提高它们的可见度。

群众的智慧是无穷的。2006年，一位骑自行车人士建立了一个占用自行车道的揭发检举网站“My Bike Lane”，其目的在于方便公众将那些违章占用自行车道的车辆及照片及时公之于众。该网站基于维基技术，同时整合了GIS，它的建立得到了众多街区尤其是社区群众的好评。很快，该网站的实效性也得到了交通管理部门的重视，并经改进后纳入其交通管理的电子化举措之一。检举人不仅可以将违章占用自行车道的车辆公示出来，而且还能详细地提供违章地点和时间等信息供交通部门核查。

除了上面提到的“Beyond Voting”和“My Bike Lane”，其他的一些美国政府部门也在应用维基技术。美国联邦政府首席信息官委员会的实践社区网站就是一个便于对联邦政府制度文件进行修改的维基，采用的是数据参考模式，公众可以对修改给出建议。另外一个成功应用维基的政府部门案例则是美国航空航天管理局。美国宇航局的雇员们依靠维基网站来修改美国航空航天管理局的“全球风”（NASA World Wind）开放源代码，全球成千上万的人下载了“全球风”程序，任何用过或者了解“全球风”的人都可以用维基来对代码的修改提出建议。该维基由一个并不属于美国航空航天管理局的私营组织来运作，使用与维护的支出较低，而且对文档的修改能进行简单而有效的监控。政府部门还可以利用维基来做一些其他民间组织所不能做的事情，例如，可以成立一个官方的合作型政策制定委员会。

维基支持者们早就呼吁在电子治理中加强网上合作。维基的动态性、可自由访问编辑的特性以及合作性，使其在知识传播领域得到广泛的应用。维基百科就是维基技术的一种典型应用。

（3）INFOMAP——公众参与式地理信息工具

公众参与式地理信息系统（Public Participation GIS，PPG1S）是将地理信息系统的应用扩大到公众层面，由公众来参与政策的制定。区域地理或者土地规划与管理政策的制定将不再是只有专家才能参与，广大民众也可以参与到这些与自身利益密切相关的决策当中来。PPGIS的核心理念是赋权，即赋予处于边缘地带的人群以权利，参与地理信息相关政策决策的过程。

美国佛罗里达州橙郡管理委员会（政府）推出的整合了Web2.0技术的双向公众参与式地理信息系统INFOMAP，是一个以网络作为平台，就地区与地理相关的问题或者政策决策调动公众参与，让民众可以借助网络维护当地环境的典型实例。

该系统由环境系统研究院与纬度地理集团开发，并由橙郡管理委员会负责系统的维护与运行。橙郡政府将INF0MAP当作一种公共服务设施来加以推行。该系统除了能让使用者在地图上自由绘定地图区域外，还可以使用户针对该地区提供意见，提升当地居民对于其所居住区域的参与投入。政府部门建设该网站的目的在于希望更多地聆听民众的声音，让环境的规划能够更加符合当地居民的需求。

该系统为注册用户提供了一种政府与民众就地方地理环境政策决策进行双向式互动的对话机制。无论是地理数据方面的信息，还是系统本身的信息，民众均可借助平台所提供的反馈功能表达自己的意见。系统提供的Bookmark功能则为用户提供了个性化的地理信息服务，用户可以根据自己的想法在地图上新增信息、添加注释并向管理员发送其标注版的地图。民众所发现的与地理环境相关的问题可以直接反馈到网上，让政府部门了解。该系统的留言讨论功能也很受当地民众的欢迎。

2.加拿大的社区电子治理实践

作为经济发达的电子治理优势国家，加拿大在电子治理方面的实践可谓不遗余力和勇于创新。加拿大政府正在构建其公民参与框架以使他们适应在线的环境，并特别致力于政府在网络开发方面的协商与合作。加拿大的电子治理经验就是建立智能城市和社区，相

关治理实践也不胜枚举。

在加拿大，电子集会与基于维基技术和道路天气信息系统的道路环境及天气预报系统已经得到广泛应用，后者更是被联合国世界气象组织所采纳。基于Web2.0的各类社交网络和媒介已经成为加拿大地方政府发现问题、解决问题的重要渠道。

（1）Fix My Street——市政部门的“千里眼”

“Fix My Street”是一个方便居民对自己所在社区发生的一些有关市容问题或者现象（如胡乱涂鸦、随便乱扔垃圾、破坏道路路面、破坏路灯等不守公共道德的行为，或水管爆裂、路面凹陷等市政状况）进行曝光、评论、讨论的网站，

用户在发布消息时，首先应输入自己所在街道或者区域的邮政编码、街道或地区的名称，然后在网站所提供的谷歌地图上标注出相应的位置，接着对所举报问题的相关细节进行描述，文字和照片均可。网站管理员会及时地将所报告的问题向有关部门进行反馈。对于问题解决与否，还会在相应栏目上给予标识。

从上述功能来看，“Fix My Street”为广大市民关注其所在社区市容市貌及生存环境并及时向市政等部门反映其中存在的问题与缺陷，提供了一条重要的简单高效的解决通道。

（2）Second Life——新型揽才渠道

网络世界在很多时候都是对现实世界的影射。人们在现实世界的活动与需求，纷纷在网络世界中得到反映。例如，美国和法国的总统候选人在虚拟三维游戏社区“Second Life”上开展竞选活动；马尔代夫、瑞典、爱沙尼亚等国在“Second Life”上设立虚拟大使馆；路透社也在上面开设分社。“Second Life”是全球最大的三维虚拟游戏社区，由美国加州的林登实验室负责运营，目前

社区用户近千万。

随着社会的发展和高技术的普及应用，服务于社会的警察工作也不得不适应这种变革。而这种适应有赖于警方拥有掌握相应技能的警员。温哥华警察局成为适应这股社会变革的实践者。温哥华警察局敏感地意识到，面对当前日益泛滥和复杂的各类网络犯罪形态，警方只有拥有具有足够智慧和技术的警员才能与之抗衡。

为了招募到既热爱互联网又懂技术的高级人才，温哥华警方将眼光投射到了更远、更宽范围的三维网络游戏社区“Second Life”。

2007年5月，温哥华警方利用“Second Life”上的温哥华北美联合学院创建的虚拟校园发布招聘信息，招募网络警察。该虚拟校园是一个以技术、工艺和设计为主的虚拟教育研究社区，该招聘面向全球用户，无任何地域限制，只要能通过Second Life进行交流即可。作为首个利用网络游戏社区揽才的警察机关，无论是警方的招聘者还是应聘者，均以虚拟替身的身份进行互动交流。但在“Second Life”社区，警方人员均以专门设计的警服、警徽、腰带和无线装置的统一形象出现，警方的每一个虚拟人物都可以找到现实生活中对应的人物。

招聘方和应聘方的交谈以即时信息的方式进行，因此，不管是其他什么地方的用户，都可以在任何时候与在温哥华登录的用户进行交谈。有将近30人对该招聘活动给予了充分的关注，并最终有4位应聘者入选，被要求向警局发送正式的个人简历。当然，就像一切正规的招聘程序一样，一旦有了初步合意的应聘对象，组织现实生活中的面试仍旧是必要的，而不仅仅是根据应聘者在“Second Life”里面的表现就简单地做决定。

除了将优秀的网络技术人才收归麾下，将“Second Life”社区视为一个不可多得的网络技术人才智库，充分利用该智库内的人才智慧，是温哥华警方的又一创举。温哥华警方在北美联合学院创建的虚拟校园上定期组织网警研讨会，对目前网络上出现的新型网络与技术犯罪问题进行探讨，所有参加的社区成员都可以在此畅所欲言。

3.英国的社区电子治理实践

以免费医疗体系形态存在的英国国民医疗保健制度（National Health Service，NHS），作为英国社会福利的一个重要组成部分，为改善英国民众的健康状况起到了非常积极的作用。然而，60余年的运行也带来了不少的问题。为了兼顾公平与效率，英国政府采取系列措施，希望重振这一令英国引以为傲的医疗服务制度。

“Patient Opinion”便是在这样的背景下应运而生的。“Patient Opinion”主要起到信息媒介的作用，它以政府和民众之间的第三方的立场定位，由社区家庭医生发起，并由英国国民医疗保健机构支持设立。其收入主要来源于所提供的健康咨询服务以及各类高级病患用户。

“Patient Opinion”从初创至今，已经成长为百分之百由NHS成员组织和其他相关组织的信息服务订阅支撑的组织。截至目前，加入到“Patient Opinion”的组织已经有100多个。不仅如此，“Patient Opinion”的社会服务理念和医疗反馈信息服务也拓展到英国以外的30多个国家的相关组织。

作为利用新型网络技术Web2.0的一个实例，基于博客技术的“Patient Opinion”所提供的服务是非常有特色的，在这里，病患可以对所接受的健康服务加以评价，并将其相关经历和故事写出来与人们共享。病患在NHS的医疗信息反馈是广大社会民众需要的一个重要的社会信息服务领域，“Patient Opinion”架起了这样一座桥梁，病患感觉自己被关注，而NHS则可以将这些反馈的医疗信息拿到桌面上供双方对话使用。注册用户和“Patient Opinion”团队成员一起工作实现共同创造，激励广大民众对NHS制度体系做出直接回应，进而激励NHS自我改进。

“Patient Opinion”的创立秉承的是一种社会服务精神，它的实用主义受到社会各阶层的欢迎。在组织机构上，它保持了独立于NHS之外的独立性，增强了信息的可信度，某些时候，甚至以一个信息竞争者的姿态出现。其目的在于借助这些第一手的用户体验信息资料来改进NHS的服务体系，这也被理解成为NHS的一种自我改进策略。

Patient Opinion开设有特色栏目如“Your Story”“Find Story”“Find Service”等，并鼓励用户个人在其网上建立博客。在“Your Story”的经历分享栏目下，网站运营者通过下设的子栏目“Share Your Story”来鼓励以下人群加入到分享里：新近接受到过治疗的病患，自己有朋友最近有就医经历的，或者是病患的看护者。让他们将自己的相关经历或信息写出来跟大家一起分享，同时给出自己的评价，指出需要改善的地方并表达未来为之努力的决心。同时，也可在此向某人表达谢意，或者抱怨某事的不当，等等。

基于博客的“Patient Opinion”的社会现实意义主要体现在两个方面：对民众而言，可以很容易地通过这样的一个平台获取并选择信息，进而得到与自己的病情和治疗有关的实用信息；对医疗行政管理部门而言，通过这一平台可以很自然地贴近社会底层，跟踪

广大民众对医疗服务质量的抱怨或认同感，从而改进服务。同时，据此还可以了解广大民众与用户的真实需求。

4.国外社区治理网络化的启示

当前，一些知名的国际互联网企业正在热推政府2.0，这给政府改善电子治理提供了许多想象的空间。而诸如博客、维基、微博客、SNS等Web2.0技术正日渐渗透到囊括各行各业的网民的学习、生活工作当中，改善现有电子治理的范式似乎有了更多实践的空间和领域。如果说国内出现地方政府官员开博问政的实践令人耳目一新的话，那么欧美国家对Web2.0的利用则更值得我们总结和思考。

如今，Web2.0已经成为一些国家政要塑造自身形象的重要法宝，而网络早已成为这些国家的公民参政议政的另一个重要舞台。就社区层面而言，尽管相关理论与研究仅是零零星星的，但还是给了我们很大的发挥空间。在这个个性化十足的信息多元化时代，“我的社区，我做主”这一理念凭借Web2.0这个足具亲民性、草根性和多元性的工具平台，有望成为我国社区电子治理改革的新风向。在这一点上，美国的“My Bike Lane”、加拿大的“Fix My Street”和英国的“Patient Opinion”这些社区治理实践案例都具有很强的借鉴意义。社区行政管理部门所要做的，就是如何将这些类似的居民需求与体验整合到现有的网络框架里面去，同时提供一些必要的机制保障。类似的新型信息交互通道，一定会在社区居民中产生与过去参与社区管理完全不可同日而语的体验。然而，要具体付诸实践，还需要学术界提供更多的思考与探讨，技术领域提供更多适合本国、本地市、本社区实践的个性化的技术界面，社区行政管理部门则需要思考可以着手的领域，并从机制上提供配套保障。

四、社区治理网络化的需求

社区治理网络化体系的构建，应集中体现以下三项基本原则。

首先，信息资源的优化配置，即通过互联网这一平台，对本社区内的信息资源进行有序的整合和有效的配置，实现社区信息资源共享。

其次，网络平台的多方融合，即利用互联网这一便捷的通信手段，融合传统的电信网络和电视网络，使社区居民与社区治理各方尤其是政府建立起一个“无缝链接”的平台，实现及时的、动态的信息流动和数据交换，使治理各方能更好地从这一融合性大平台上获益。

最后，降低电子政务中的信息不对称，即通过网络平台上各治理主体的协同作业，实现信息的统一收集、统一管理、统一发布，避免“信息孤岛”的产生，降低信息获取与利用中的信息不对称。信息不对称在经济领域中普遍存在，在政务处理中也同样存在，甚至更为严重。

Web2.0在社区电子治理中要实现的具体目标有以下五个。

第一，政务公开。即将社区内部的重要信息和处理情况以及上级机关的重要通知和事件等信息及时、准确地传递给社区的居民，同时让居民了解社区政府决策的背景、方式、方法，以及相关服务提供的方式，真正做到政务公开。

第二，网上办公。通过社区政务系统，除了让居民足不出户便可以通过上网来获取相关服务的信息，享受到社区提供的服务，还要实现政府职能部门之间决策的公开性与民主性，加强信息互通，提高办事效率，改善办事流程和管理方式。

第三，政民互动。通过社区政务系统，可以方便、迅速地了解本社区居民对某些特定问题或者事件的最新、最全面的意见和想法。在社区政府与社区居民之间建立起信息互动的绿色通道，如网上信访、网上调查、BBS论坛、街道治安博客等，进而有助于社区做出与辖区居民相关的政策决策、服务改进等。

第四，电子参与。电子参与是民主在网络环境下的重要体现。就社区层面而言，主要是本社区辖区内的居民可以通过该街道社区政务管理系统参与各类需要个人表决的活动，例如社区公用设施的添置、文化活动的排名等。在人事选举中，可以用博客来发布候选人的个人参选视频。在文娱活动比赛中，可以将参选作品进行实拍后用播客上传。

第五，知识管理。即提供与社区街道相关的知识与信息，包括本街区的历史、本街道重要的人与事、某一特定领域的相关常识等，以此来丰富辖区居民知识，帮助居民在某些特定事务上做出决策，如本社区街道历史Wiki，街道重要事件Wiki，社区医疗服务站开设的日常饮食、护理博客，等等。

1.治理主体多元化、网络化

良好的治理，需要各治理主体之间达到良性互动。

（1）基层政府：社区治理的引领者

社区治理作为社区的一种有计划、有目标的积极性手段，政府起着极其重要的作用。

（2）社区居民：社区治理民主的实践者

很多学者的研究中均提到，我国社区治理中普遍存在社区居民参与不足的问题。其主要原因在于基层政府、社区自治组织或非营利组织、社区居民三方对社区治理的理解和要求存在差异。因此，关注居民意见表达，推动居民参与是实践社区治理民主的一个主旋律。

（3）辖区单位：社区治理的奉献者与受益者

我国政府在推广电子政务的过程中，主要是通过集中全社会的力量来努力实现“政府搭台、企业唱戏”的局面。

（4）非营利社区组织：社区治理的推动者与新动力

社区非营利组织的发展促进了社区治理的良性互动，从而有利于促进社会和谐。我国社区治理中的非营利社区组织包括社区自治组织（如各街道下辖的社区居委会、业主委员会）和社区民间组织。

在欧美等发达国家，各类非营利组织在社区治理与服务中发挥着十分重要的作用。通过社区中介组织的组织形式及其活动，能够增进社区的公共利益和社会福利，特别是透过社区内群体的自发自助式参与，民主机制才能真正建立起来。

2.治理手段与方式多样化

社区治理除了要追求治理主体的多元化，鼓励最大范围的社区参与和民主共治外，还要审时度势，借助各种外部力量，实现治理手段和方式的多样化。过去传统而单一的治理路径已经无法满足新形势下社区发展对治理提出的新需求。

电子治理最深刻的意义不在“电子”而在“治理”。受我国固有的公共行政管理传统模式的影响，过去我们在发展电子政务、开展社区治理中多采取的是自上而下的治理范式和途径。新网络环境的发展给强政府、弱民众这一传统治理范式带来了挑战，也带来了机遇，同时还给治理形式、治理的效率以及治理的效果带来了新的思考。

第三节 社区治理网络化的协同管理

一、社区治理网络化的协同原理

协同学是研究复杂的开放系统内各子系统如何协同工作的理论，它用序参量来描述一个系统宏观有序的形成。协同是指在序参量的支配下形成的子系统之间的协同运动序参量间的协同竞争与合作决定着系统从无序到有序的发展过程。通过序参量的确定，可以降低电子治理过程中协调各治理主体以及子系统的复杂性，并在此基础上构建起社区电子治理的协同架构，进而借助协同架构形成有序治理运行机制来促进有序状态的快速实现。

社区电子治理协同是一个组织化的连续统一体。治理协同管理大致可分为三个过程：第一个过程是社区治理体系从现有的无组织或者组织不够状态向有组织状态演化，从无序状态到有序状态演化；第二个过程是社区治理借助网络这个特殊平台和推力，逐步实现系统层次的提升；第三个过程是社区电子治理系统的框架各功能由简单向复杂的层面递增。社区电子治理从无序到有序发展是一个典型的自组织过程，主张可控制性的竞争与合作。这种精神和方法论思想是社区电子治理协同演进的精髓。

对于协同学在社区治理问题上的研究，本书强调的是在社区治理系统从无序到有序的演进过程中，序参量如何主导治理手段与机制的发展与质变过程。协同学的精神就是让序参量发生变化，通过自组织的作用，让系统发生一个质变，从而实现社区治理目标。就网络技术变迁快速的网络环境而言，社区治理是一个动态过程，学术界称之为动态系统。

协同学认为，可以采用被组织的方式与策略，对影响系统自组织的序参量实施外部压力，即通过改变序参量的协同竞争中起着导向作用的控制参量来改变自组织状态，促使系统达成有序或高级有序。而这正是运用协同学来研究新的网络环境下社区因技术变革而给治理带来的新的机遇和治理创新的理论支点。

二、社区治理网络化的协同分析

协同学既不逐个研究巨系统中各微观子系统的行为，也不仅仅处理系统表面的宏观特征，而是对介于微观和宏观两者之间的中观层面进行特性研究。当协同学应用于社区治理问题时，必须强调的一个基本观点是：以社区治理的过程为过程，治理目标的实现有赖于治理协同所需的机制和环境。根据美国及其他国家的社区治理经验，社区治理涉及三个核心要素：绩效考评、居民民主参与、政府政策制定与实施。社区行政管理者和社区居民双方都在社区环境和条件的形成中扮演着各自不同的角色，对结果的影响力往往是不一样的。

绩效考评是指通过指标的设计及数据的收集来报告并分析社区治理的成效。评估可以应用到政府服务或者社区环境和条件（如物理环境和条件、公共健康与安全以及社区内的经济与社会条件，等等），或者两者均可。居民民主参与是指社区公众对公共事务的参与程度，参与主体包括居民个体、团体、非营利组织，甚至包括以

企业的形式存在的企业型居民。政府政策制定与实施是指有关政府对问题的提出、解决问题用到的策略、决策问题用到的资源，以及在实施相关决策时所实施的行动等一系列公共政策的制定与实施，这一要素包含了对政府运行中的计划、预算、实施、评估的整个周期。

因此，社区治理系统中存在着三个核心子系统：绩效考评、居民民主参与、政府政策制定与实施。这三个子系统既存在自组织性，又彼此相互作用进而引发并影响着治理协同的实现。

三、社区治理网络化的协同架构与演化模型

1.社区治理网络化的协同架构

治理协同是管理的协同。对于街道社区级治理而言，政府由管理型向服务型转型的过程中，相对集中的管理要向松散型协同管理转变。政府需要对固定（规范）流程、可变（非规范）流程进行统一管理，打破固定模式，在“动态”中完成分工与协作。作为解决“组织内与跨组织、紧密与松散、固定与变化”三大矛盾的新形式，“动态协同”从管理上提出需求，按照整体架构，应用协同思想使这种动态的协同最终得以实现。

社区治理系统由绩效评估体系、民主参与机制、政府政策的制定与实施三个子系统组成。这些子系统不存在控制与被控制的关系，它们都是为了实现治理协同而联系在一起，共同作用并推动社区治理目标的实现。从系统的角度来看，这些子系统也构成了社区治理协同的变量。序参量原理告诉我们，在社区治理的某个特定阶段，总会有一个变量处于支配地位，决定着系统的发展，因此，接

下来的工作是找到这个序参量，并且利用好这个序参量来推动治理目标的逐步实施。

总之，通过社区治理协同架构，有望使社区治理在管理上的复杂性得到降低。首先，治理协同架构通过将协同定位于治理主体网络之上的治理行为，为更好地协调各方利益及行动提供重要的依据；其次，基于社区治理影响要素之上的序参量分析，使得治理创新的策略与步骤变得清晰起来，且更具可实施性。

2.社区治理网络化的演化阶段

作为自组织网络的管理，社区电子治理可以被理解成是建立在信任和互利基础上的社会协调网络。从电子政务发展到电子治理，关键是实现公民参与方式的转变和参与程度的不断深入。电子治理的发展过程大体可划分为三个阶段：①信息公开阶段，即以政府为主导的单边关系阶段，实现政府信息公开的透明、公正、全面、及时；②政民互动阶段，即体现政府与民众之间平等的双边互动关系阶段，也就是政民互动，以民主和信息服务为导向，政府拥有与用户或者民众双向交流的通道，并且逐步体现出互动方式的多样化与互动内容的深入化；③全面融合阶段，即以公民为主导的双边伙伴关系阶段，以公民参与为中心，以政民和谐为宗旨。

（1）信息公开阶段

网上政务信息公开是电子政务的开始，也是社区电子治理的开始。马来西亚的社区治理实践证明，网络环境下社区治理的最佳模式的建立，一方面要求地方政府清楚民众在战略治理举措中的地位，另一方面还要把协商作为治理模式形成中不可或缺的要素。其中涉及两个层面的因素：一是意识观念问题，二是具体行动问题。多个学者在各自的研究中均肯定地指出，电子治理涉及一系列以网络技术为媒介的过程，这个过程不仅会改变核心服务传统的提供方式，也会从根本上使政府和民众之间的关系发生重大的变革。无论是工作还是政策的形成、讨论或者实施都离不开民众的参与。

由此可知，信息公开阶段的序参量是民主参与意识，有什么样的民主参与意识，就会有什么样的治理模式，良性治理语境下的控制序参量应为社区治理主体建立起的社区民主参与意识。相应的，信息公开阶段的被组织策略就是建立民主参与意识，即对于政府政策的制定与实施，在确保信息充分、有效公开的前提下宣扬并鼓励社区参与。

对街道一级政府而言，转变自身观念，真正认识到社区居民参与社区治理的重要性是全部工作的基石，并在此基础上，推动参与进程。其中，往往会涉及电子化参与规则的确立、电子化参与计划的制定以及具体计划的实施与规则的执行三大问题。

首先，制定公众参与决策程序各个阶段运行的规则，包括一般规则和对紧急及例外事件的处理规则，确保公众参与决策的主题与政府工作相结合，提高参与效果。

其次，制定公众电子化参与决策的计划，包括参与的主体、参与的内容、参与的形式、参与的步骤以及相关意见的采纳标准等各方面的安排。

最后，在具体计划的实施过程中应始终遵循并坚守既定的规则，尽量避免决策的随意性。在计划实施过程中，应注意平台的兼容性与扩展性。很多情况下，都可以考虑利用现有的技术和平台，将想要实现的参与功能无缝地整合到现有的政府或者社区的专网上去。同时，为了确保参与者的口径一致，在参与信息与途径的可获取问题上也应予以考虑。对于信息亭、服务大厅触摸式终端等都应考虑进去，需要升级的终端也要及时升级。

（2）政民互动阶段

罗伯特·达尔在其代表性著作《论民主》一书中深刻地阐述了民主精神的内蕴。他认为民主首先是有效参与，即政策被实施之前，每一位成员应当拥有同等的有效机会以使其他成员知道他对政策的看法。作为治理的最高目标，善治是政府与公民之间积极而有成效的合作，这种合作成功与否的关键是参与政治管理的权力。而保证公民享有充分自由和平等的政治权力的现实机制只能是民主政治，这样善治与民主便有机地结合起来。网络技术为民众参与提供了新的渠道，也为政府政策的制定与实施提供了重要的信息基础。

因此可知，政民互动阶段的序参量为民主参与机制。完善而健全的民主参与机制会带来治理主体各方及时而有效的互动，进而推进治理走向善治的进程。其相应的被组织策略可以总结为：①利用网络新技术完善民主参与机制，推动社区电子参与；②通过参与栏目的多样性和有效性推广网络参与活动；③及时对公众意见进行处理和回复，规定责任主体，监督其处理过程和处理时限。

（3）全面融合阶段

绩效评估体系贯穿社区治理始终，既指引着治理的方向，也对治理的成效做出评价。因此，需要在现有电子绩效评估体系的基础上，以向服务型社区政府转变和建立政民良性互动参与的社区治理环境为目标，建立起一个多维度、多层级的治理绩效评估体系。

由此可知，全面融合阶段的序参量为治理绩效评估，相应的被组织策略为将民主参与纳入绩效评估指标体系中，推动政民良性互动全面实现。在治理绩效评估体系建立或者完善的过程中，需要明确每个环节的责任主体、责任内容与责任时限。不仅如此，还要将

居民的参与度、居民的实际使用度以及居民使用的满意度纳入指标体系中。考评体系兼顾了电子参与过程和电子参与结果的双要素。

我们所指出的开放系统性质的社区治理演化过程，是一个立足于民，但并非片面追求社区自治的过程，而是体现了多元化的治理。社区治理从相对较低的水平发展到相对较高的水平，需要一个阶段，但是我们相信，走向开放式治理是一个必然的趋势。

第四节 社区治理网络化的发展趋势

互联网络已经渗透到了人们日常生活的方方面面，它不仅改变了人们的工作模式，而且开始全面地改变人们的生活观念和生活方式。人类正在向“数字化生存”的时代迈进。作为人居活动的载体，社区正日益引起关注。把信息网络技术应用于城市社区治理，为社区居民提供个性化、人性化、高质量的社区服务，已经成为当前社区治理的新趋势。

一、社区主体的多元化

网络环境下，基层政府、社区居民、社会组织、企业等社区利益相关方的关系得到了进一步改善的契机。社交媒体、社区信息化、大数据背景下的社区信息需求挖掘等新的技术工具，给社区主体多元化的发展提供了信息支持和平台支撑。

1.社区服务供给的专业化与社会化

（1）社区信息服务的专业化管理

社区信息服务的行业管理是根据市场经济条件下服务行业的特

点和运行规律来实施的社区服务管理模式。其内容包括两个方面：一是建立地域性的互联网信息管理机构，随着社区服务范围的拓展，为了进一步加强对社区社会组织的监督和管理，在民政部门对社会组织进行对口管理的基础上，我国许多城市对街道办事处、社区居委会都建立了相应的行业管理机构；二是通过各项社区认证制度，保障社区管理和服务的健康开展，包括建立完善的社区服务基础制度，制定社会组织服务资质认证标准、社区服务准入制度、社区服务相关优惠制度、社区服务监督办法、社区服务退出制度等。

（2）社区公共服务的社会化管理

通过实行“购买服务”“项目管理”等多种形式，促进公共服务社会化。加快社会公共服务的供给方式，相关部门应转变过去直接向社区拨付人员工资和办公经费的做法，而是根据社区信息服务项目的开展情况提供项目经费，逐渐强化民政部倡导的对社区社会组织进行“项目管理”和“合同管理”的观念和工作机制，推动社区社会组织逐渐转变对上级单位的依赖思想，以独立的社区主体身份积极参与各社会服务项目的竞标并开展为民服务。

2.对社区主体的多元化要求

（1）明确政府的主体地位

社会多元化逐渐成为时代的新特征，政府不再是肩负社会治理职责的单一主体，非政府组织以及其他社会自治力量正在迅速发展起来，并开始在社区治理中扮演着越来越重要的角色。

从客观情况来看，社会治理行动者的多元化实际上已经置政府于多元治理主体一方的地位上，即打破了政府在社会管理中的地位，以至于政府必须在服务型政府的建设过程中去寻找自己的位置。可见，正是社会治理主体多元化的客观历史运动迫使政府必须

走在服务型政府建设的道路上，而服务型政府建设又反过来推动了社会治理体系的发展，促成社会治理体系的健全，并推动一种新的社会体制的建立。

（2）扩大社会的参与力量

社会组织在社区公共服务中的角色并非一个主观的自我认定的结果，而是嵌入到社区的社会架构和社会关系中的独特性作用的显现，可以归纳为以下三个方面。

第一，网络互动平台服务功能实现政府职能转移和公民需求回应。社会组织具有自愿性、独立性、专业性和非营利性等特点，将公共服务交给社会组织经营是一种行之有效的制度模式。其作用不仅限于向社会提供众多服务，承担一些政府部门不该做或做不好、企业做却未必有效的社会事务，还可以通过其竞争的压力，间接提高其他社区公共服务主体的服务水平。

第二，共治倡导网络公共精神与社区自觉。社会组织在社区组织体系中处于一个节点的位置，社区信息化能打通社区各个主体之间的壁垒，通过网络平台，社区内组织之间、个人之间、组织和个人之间在自愿、互利、互助的基础上，形成了直接的、多元的、平等的横向联合，形成了社区组织体系的弹性整合。社会组织在网络节点上的桥梁和纽带作用为社区认同提供了扎实的基础，并运用其沟通力量将松散的居民凝结成共同体。

第三，网络新媒体整合社区资源。由于网络公共空间的扁平化、草根化的特质，让本来就来自草根阶层、来自民间力量的社会组织的作用日益获得社区其他参与主体的认同。这一内在驱动力既非利润动机，也非权力原则，而是以志愿精神为背景的利他主义和互助精神。建立在组织化之上的公共精神和公益追求，使社会组织具有较强的资源动员、资源整合和资源利用的能力。

二、社区工作者队伍专业化

1.社区工作者的角色

社区工作者是社区社会政策的具体实践者，伴随着工作方法、服务对象和服务内容的多元化，社区工作者在社区信息系统中开始扮演起不同的角色，包括直接服务的角色、间接服务的角色和复合服务的角色，具体来说有以下几个方面。

服务者。社区工作者通过提供自己的专业化服务，促进居民参与解决自己的问题，改善生活水平，增强居民的社会参与意愿，强化居民对社区的归属感，形成居民之间和居民与机构之间相互关怀的和睦氛围，满足居民的需要。

协调者。在面对社区存在的纷繁复杂问题时，单单依靠社区工作者自身是难以解决的，需要借助和整合政府相关部门、社区组织、社会等多个主体的力量，共同来解决社区存在的问题。

教育者。社区工作者为社区提供各种培训，提升社区居民的风险防范意识，提高社区居民解决家庭问题和社区问题的能力，帮助社区居民掌握解决相关问题的技巧和方法，并吸引社区居民的积极分子参与社区管理，形成社区自主治理。

政策影响者。社区工作者有责任将遇到的社区问题向社区管理者、政府相关部门进行反馈，或对现行的管理政策和措施提出建议，通过影响政策制度，为社区谋取福利，建立可信任的公众形象，从而为有需要的人提供帮助。

2.网络环境下对社区工作者的培训与开发

（1）扩大互联网培训资金的投入

社区工作者队伍建设和人才的培养，需要资金和其他各方面要素的投入。这些投入一方面来自政府。政府在推进社区建设现代化进程中，需要大力投入资金和其他要素，这些要素的投入可以为社区人才培养提供保障。政府需要出台社区工作者队伍建设和培训的优惠政策，如社区专职工作者接受继续教育学费减免政策等，支持专职社区工作者队伍的人才培养，同时也可以利用税收政策，给予社区培训机构一定的减免税优惠，降低人才培养的成本。另一方面，这些投入也可以来自企业。社区在建设过程中，不应仅仅依靠政府，还需要与社会其他组织合作，企业就是一个很好的选择。社区是一个人员聚集的地方，企业为了自己的利益，可以选择在社区开展活动，一方面能近距离接触顾客，另一方面能有效地宣传企业品牌，从而增加企业的利润，而社区选择与企业合作，也可以获得自身的利益，增加收入来源，进而为社区人才培养奠定基础。

（2）健全社区工作者继续教育制度

培训是组织竞争的主要武器，培训能够调整组织中人与事之间的矛盾，是实现人事和谐的重要手段，同时培训能够使组织文化深入员工的内心，有利于建立优秀的组织文化。为此，应逐步建立健全专职社区工作者队伍专业培训和继续教育制度。

一是依托社区信息化平台，因地制宜地开发社区工作者和社区服务对象的培训系统，可以包括需求评估、明确目标、确立课程、实行培训以及结果评估等基本环节。培训需求评估是培训项目实施的基础和前提，对于确定培训项目是否能够弥补工作表现不足至关重要，这一环节的工作做得越充分，培训项目的成本也就越低。一旦确定了培训的需求，就要明确培训所要达到的目标和内容，进而组织和实施培训。专职社区工作者队伍要建立良好的学习氛围和培训机制，坚持缺什么补什么的原则，在工作需要的基础上有针对性地进行培训。通过进修、短训等形式对专职社区工作者队伍普遍进行培训，并且累计应不少于一定时间。当然，针对社区社会组织中不同的人员构成，培训的内容也应有所区分。对于社区社会组织领导层人员来说，需要在组织决策和领导能力方面加强训练；对于工作人员来说，则需在业务能力上加强专业培训，使工作技能得到补充和加强。

二是加强专职社区工作者在职学历教育。学历教育能够给予专职社区工作者系统性、逻辑性都较强的理论和实践的基础，使其厚积薄发。鼓励专职社区工作者参加在职学历教育，可以提高他们的理论知识水平及转变看待问题的角度。高校要给予专职社区工作者在职学历教育方面的优惠政策，国家也可以适当给予补贴，使专职社区工作者能够积极接受在职学历教育，提高整体素质。

第五章 社区治理的智能化与建设路径

第一节 社区治理智能化的基本过程

智能化的核心是数据化。社区治理智能化的核心是通过对智能化技术手段的运用，用数据赋能社区治理。社区治理智能化，既是智能化手段全面嵌入社区治理各领域、各环节的过程，也是智能化技术与人力、资金、制度等要素有机融合的过程，更是以数据理念思维重构治理模式、以数据整合分析提升治理效能，进而推动实现社会治理体系和治理能力现代化的过程。

一、“三位一体”的过程

当今世界智能化发展已成为不可遏制的主流趋势。物联网、大数据和人工智能等技术正加速融入社会生产生活的各个领域。正是基于对这一科技革命主流趋势的准确把握，2017年6月，《中共中央、国务院关于加强和完善城乡社区治理的意见》对增强城乡社区的信息化应用能力做出全面部署，要求“提高城乡社区信息基础设施和技术装备水平”“依托‘互联网+政务服务’相关重点工程，加快城乡社区公共服务综合信息平台建设”“实施‘互联网+社区’行动计划，加快互联网与社区治理和服务体系的深度融合”“探索网络化社区治理和服务新模式”“发展社区电子商务”“按照分级分类推进新型智慧城市建设要求，务实推进智慧社区信息系统建设”“加强农村社区信息化建设”。所谓信息化应用能力、信息平台、信息系统，其实主要就是指智能化应用能力、智能平台和智能系统。

我们如今所说的智能化其实就是我们过去所说的信息化的高级阶段，而在很多场合，所谓智能化、数字化或网络化，其实说的都是一个意思，都是以偏概全地指代以数字化、网络化、智能化为“聚焦点”的新一代信息技术的应用。

社区治理智能化的具体做法就是将物联网、大数据、人工智能技术运用到公共服务、公共管理、公共安全等社区具体情景中，形成物联、数联、智联三种技术要素相互连接和融合、共同作用的智能化治理平台以及与之相配套的一系列制度规范。形象地说，物联就像绣花针，数联就像绣花线，而智联则是绣花技法。在社区治理过程中，物联、数联、智联是“三位一体”的关系，每个要素都无法单独发挥作用。

1.物联、数联、智联构成技术基础

（1）物联网形成基础设施

物联网的作用在于运用信息技术将智能设备嵌入社区治理中的相关载体和居民活动空间，对物与物、人与物之间的信息进行传递和控制。智能设备是物联网的终端触点，物联网通过这些智能设备采集、传输数据。智能设备主要包括各种传感器、监测设备等，如人脸识别摄像头、人体红外感应器、家庭煤气泄漏报警器、独居老人生命体征探测器、垃圾桶自动感应器等。除了智能设备之外，物联网还包括一定带宽、有线或无线的传输网络。随着5G技术的不

断推广和运用，高传输速率、高度无线化、高度安全性将成为下一代传输网络发展的趋势。在智能化治理过程中，物联网主要发挥着“联通”智能设备的作用。如果说高速公路是交通系统的一大基础设施的话，那么物联网就是社区治理智能系统的基础设施。

（2）大数据形成信息资源

对于社区治理来说，大数据就是社区治理过程中所产生的海量信息资源，因此，大数据也有“数据海”之说。它不仅包括政府在运行过程中所收集到的人口、地理、经济、社会、信用等官方统计数据，各类文件、报告以及不同活动中所形成的文献资料，还包括企业与个人在参与社会生产生活时产生的生产数据与消费数据，以及关乎人的情感、态度、诉求等方面，与人的幸福感、获得感、安全感密切相关的“民意数据”。这些数据通过人工智能技术的筛选与分析，再由决策机构运用流程经过不断优化创新的数据处理模式进行二次甚至多次处理，理清其中的关联，发现内部规律，就可以在一定程度上预测社区需求、预判社区问题，提升社区治理的主动性和针对性。

大数据技术除了能提高社区相关工作人员主动发现问题的能力外，打破信息壁垒、提高信息反馈效率也是它的一大功能。它以统一采集、统一存储、统一管理、整合共享为主要动力，通过让一个个相对独立的数据相互衔接形成“信息流”，打通传统科层制治理结构和垂直管理模式所产生的“数据孤岛”和“信息堰塞湖”，真正让信息实现“上通下达”，解决信息传递不及时、不精确，以及漏报瞒报、言路堵塞等问题。

（3）人工智能形成信息分析处理核心

人工智能是一门运用相关理论、方法、技术设计的特定应用系统，将人的智能延伸、拓展到社区治理领域的技术科学。通过人工智能技术对社区治理过程中产生的各种数据进行归集整合、统计关联和预测分析，可以形成更加科学、客观、方便人们解读和处理的材料，为治理主体形成决策提供更加精确的依据。如社区内的指纹、人脸、车牌识别，社区数字监控系统中的智能搜索、智能定位，各类传感器的信息感应、自动化处理设备，智能平台中的数据挖掘、数据分析，等等，都是人工智能技术在社区治理中的具体应用。

2.“一元一湖一平台”的物质载体

物联、数联、智联三方面的技术要素实质上是通过“一元一湖一平台”三个物质载体来实现的。“一元”指的是“神经元”，“一湖”指的是“数据湖”，“一平台”指的是“智能平台”。

（1）“神经元”构成智能化治理的物联网

从某种意义上说，“神经元”和物联网是同一事物的两种不同说法。因为“物联网”的外延除了包括由各类智能感应设施与信息传输线路所组成的实体网络之外，还包括构成这一网络所采用的物联网技术，比如各类通信协议、编码原则等。为了将物联网技术与实体部分相区隔，有时我们会把物联网的实体部分比作“神经元”，当作物联网技术的物质载体。在社区层面建设“神经元”，主要体现在广布各类终端，整合智能感应、智能监控、智能指挥、智能服务等多项功能，形成一个全方位、无死角、全天候运行的社区治理物联网。

（2）“数据湖”形成智能化治理的资源池

通过对“神经元”采集的大量数据进行有效汇聚，就形成了一个规模庞大的“数据湖”，也叫“数据海”，这是智能化治理的重

要资源。通过对“数据湖”或“数据海”中的大数据进行分析，可以更加精确地把握社区动态，更加精准地发现社区存在的问题，及时地评估社区治理风险，更有针对性地做出社区治理的决策。

（3）“智能平台”提供智能化治理的依托面

“智能平台”是汇集融合多方信息、分析研究各类数据、发出各类决策指令的一系列人机交互界面。没有这个平台作为依托，决策者也就无法将人的指令转化成机器所能运行的各类程序和电子信号。智能化治理主要是依托这个平台展开的。比如，上海市城市综合运行管理平台、“一网通办”平台等，本质上就是一个个独立完整的社区治理智能平台，它们可能在形式上表现为官方网站、微信公众号、手持式智能终端或者是管理城市交通的大型监控指挥系统等，因平台各自功能的侧重点不同而配置不同的硬件设备，进而呈现出不同的外在形式。

3.促进社区治理智能化模式创新

社区治理模式指的是参与社区治理的相关组织机构履行治理职能，使社区治理活动得以有效开展的物质载体和运作方式。它是社区治理主客体在治理过程中形成的一系列时空界限、组织结构和行为模式的组合。通过社区治理智能化，可以促使社区治理的时空界限、组织结构、行为模式发生根本性的改变，进而实现社区治理模式的不断创新。

（1）社区治理智能化重构社区治理的时空界限

社区治理的时空是指社区治理活动所占用的时间和空间，它们总是有一定的限度。耗费时间越长、占用空间越大，社区治理的效率可能就会越低，造成资源浪费的可能性也会越大。社区治理智能化可以加强部门间信息的互联共享，整合不必要的工作流程，尽可能缩短社区治理所耗费的时间。同时，通过信息技术将政府的公开信息和各项业务、服务功能“一网打尽”，使公众在任何时间、任何地点都能方便地查询文件、办理业务、获取服务，打破社区治理的空间限制。

（2）社区治理智能化重构社区治理的组织结构

社区治理的组织结构是按层级、功能、机制对治理主体进行的结构化组合，具有条块化、层级性等特征。社区治理智能化可以打破治理主体条块分割的界限，压缩管理层级，使组织结构按照治理的实际需求进行优化整合，推进大部制改革，实行合署办公、联合执法，由垂直化结构向扁平化结构发展。

（3）社区治理智能化重构社区治理的行为模式

社区治理的行为模式是社区治理主体在治理活动过程中所采取的一系列实际行为、工作流程和制度机制的组合。社区治理智能化可以改变以往单一的自上而下的社会治理行为模式，使治理模式转变为上下结合、双向互动的模式。比如，通过智能化平台可以将公众诉求反映到政府部门，使政府能够有针对性地选择治理方案、形成具体政策，从而使以往略显被动的社会治理行为变得更加积极主动、更加“接地气”。又比如，运用智能化手段可以创新政府绩效考核机制、群众监督评价机制以及问责机制，让监督机制真正落到实处。

二、信息技术的嵌入过程

目前的社区治理工作可大致分为两大块内容：一部分是“政府治理”，另一部分是“自治共治”。具体细分下去，可分为基层党

建、公共管理、公共服务、公共安全、自治共治以及社区宣传等内容。社区治理智能化的具体工作，就是将物联网、大数据、人工智能等技术融入基层党建、公共管理、公共服务、公共安全、自治共治以及社区沟通宣传等具体工作场景中，目的是全面提高社区治理的工作效能。

1.提升基层党建工作水平

党的十九大报告提出“党是领导一切的”这一时代命题，从领导范围上进一步明确“党政军学民，东西南北中，党是领导一切的”，全面强化党在社区治理领域的领导核心作用是这一命题的应有之义。社区治理智能化一方面可以服务于社区党建工作，密切党组织与广大党员的联系，发挥党员的先锋模范作用，另一方面也可以提高基层党组织统筹资源的范围和效率，更好地开展社区治理工作。

（1）促进党组织建设，更好地发挥党员先锋模范作用

以上海浦东新区的做法为例。建设覆盖全社区党组织和党员的基础数据库、区域化党建资源库和党建知识库，把党员政治生活积分管理机制落到实处，引领推动党组织和党员在“家门口”服务、业委会建设、微心愿认领等方面发挥战斗堡垒和模范带头作用，这些做法都是社区治理智能化在党建领域的具体应用。

（2）提高基层党组织统筹资源的范围和效率

通过建立市、区、街镇、居村各级党组织对接的社区治理智能平台，实施“预警—提醒—督办—反馈—办结”闭环管理，可以推动党建信息资源共建共享共用，提高基层党组织统筹资源的效率。

2.提升“三公”治理效能

公共管理、公共服务和公共安全是社区治理的主要工作领域，也是社区治理智能化的主战场。通过推进社区治理智能化建设、提高社区治理智能化水平，可以有效提升公共管理、公共服务和公共安全的治理效能。

（1）智能化使公共管理更高效

围绕人、地、物形成的社区公共管理体系是社区治理智能化的一个重要应用领域。社区治理智能化对公共管理来说就是建设“城市大脑”，打破部门壁垒和沟通障碍，实现公共管理由单方实施转向多方协同，由单向管理转向多向互动。比如，上海“一网统管”“社区云”以及浦东新区城市综合运行管理平台，就是社区治理智能化在公共管理领域的经典应用。通过建设信息汇聚中心，将与社区治理相关的公安、城管执法、市场监管、城建交通、环保市容、消防、卫生健康、教育等各类信息进行归集、筛选，全面实时掌握社区状况，精准解决诸如无证设摊、违章搭建、非法群租等社区治理的热点和难点问题；通过建设运行监控中心，充分运用互联网、云计算、大数据、物联网等技术手段，对交通、客流、气象、环境、车辆等状态实施综合监控，让公共管理长出“千里眼”，提高社区治理的精准化水平；通过建设监督指挥中心，科学统筹各方资源，更好地实现上下指挥高度统一、督查督办追责有力、响应处置灵敏高效等管理要求，让公共管理在一根“指挥棒”下发挥作用，提升公共管理的效率；通过建设联勤联动中心，搭建社区治理智能化管理平台，通过布设摄像头、地磁、门磁、烟感等物联感知设备，实现智能神经末梢在社区的全覆盖，做到全域协同指挥、上下联动、全时响应处置，延长公共管理“手臂”，提高社区治理的应急响应能力；通过建设数据应用中心，推进社区治理数据资源的共享应用、数据分析研判，实现社区信息资源高度整合，为公共管理提供精确依据，提高社区治理的精细化水平。

（2）智能化使公共服务更高效

作为21世纪公共行政和政府改革的核心理念，公共服务是公共部门与准公共部门为满足社会公共需要而提供的产品与服务的总称，是由以政府为主的公共部门生产，供全社会所有公民共同消费和平等享受的社会产品。公共服务是社区治理的重要领域，与社区居民生活的联系最为紧密。由此，在事关民生的公共服务领域推进智能化应用就成了社区治理智能化极为重要的一个方面。比如，上海浦东新区在推动政府决策科学化、社会治理精准化、公共服务高效化过程中，就针对公共服务领域的智能化建设做了全面部署。其中包括建立浦东政务服务“一网通办”总门户，通过政务数据的整合共享和融合应用，做到所有面向居民的线上、线下服务事项都“一网受理”，实现让居民“只跑一次”；通过建立覆盖全社区的医疗卫生服务体系和居民患者的“互联网+医疗健康”服务体系，开发“惠民云”的居民端和家庭医生端，打破时空界限，完善居民就医体验；通过建立文化智能分析决策平台，实现公共文化服务对社区居民全覆盖、多样性与个性化需求全满足、线上线下全供给，有效提升公共文化服务供需对接能力和个性化供给水平；通过构建社区居民服务平台和智慧社区信息服务平台，提升居民在安防、停车、养老等方面的服务体验；通过建设运动服务系统，打造“15分钟体育生活圈”公共服务，提高居民体育健身的便捷度和科学性；通过构建商圈服务体系，提高商圈管理水平；等等。

（3）智能化使公共安全更有保障

所谓公共安全，是指社会和公民个人正常的生活、工作、学习、娱乐和交往所需要的稳定的外部环境和秩序。而所谓公共安全管理，是指国家行政机关为维护社会公共安全秩序、保障公民合法权益以及社会各项活动正常进行而实施的各种行政活动的总和。智能化技术在社区公共安全领域的应用是解决公共安全领域违法犯罪难题及风险防范的实际需求。智能化技术与社区公共安全的紧密结合，在无形之中为每个人提供了一张安全、可靠的“智慧公安”防护网。比如，上海浦东“智慧公安”警务系统，就是通过有效整合高速互联网络、大数据、物联网、云计算等信息技术，打造数据警务，依托人力、技术、警情、档案等渠道，实现了对公共安全和社会治安风险隐患的感知，推动了社区治理重心由应急处置向风险管控转变。通过完善城市数字视频监控系统，推进智能化技术在社会治安、应急联动、食品药品安全、安全生产、消防管理等领域的监测预判应用；围绕“感知、研判、指挥、处置”四个方面深化“雪亮工程”、智能安防、交通诱导管理系统等项目建设，提升全域、全量、多维、实时的风险预警和监测水平；打通公安内部和外部数据，通过物联网采集第三方数据，并借助大数据分析支撑治安、指挥、防控、刑侦等应用，实现社区安全体系的智能化；通过在街镇和居民区布设人脸识别、烟感、气体感应、人流统计、消防通道地磁、消防水压监测等公共安全感知设备，提升社区公共安全物联感知能力，全方位改善社区公共安全环境等。

3.提升自治共治效能

社区自治的前提是党组织领导，强调“自治、法治、德治相结合”，而目的则是“构建基层社会治理新格局”。社区共治的原则是“党委领导、政府负责、民主协商、社会协同、公众参与、法治保障、科技支撑”，强调“建设人人有责、人人尽责、人人享有的社会治理共同体”。作为社区治理的重要主题，社区自治和共治的目的都是建设“既和谐有序又充满活力”的现代社区。

社区自治和共治与智能化技术应用有关的项目主要包括微信平台建设、志愿者管理、电子台账等，这些智能化应用项目可以在一定程度上提升社区自治和共治的效能。在这方面，上海宝山的“社区通”微信公众号平台建设是一个典型案例。通过在志愿者管理、诚信激励惩戒机制建设中加入智能化元素，激励了更多的居民参与社区自治和共治。上海浦东陆家嘴街道的社区志愿服务“三个一”智慧工作平台（一个志愿者服务网、一个累时积分炫卡、一个志愿者数据管理系统）建设也较为典型。这一平台首先是完善了“时间银行”概念在社区志愿服务工作中的运用，其次是实现了电子台账“一次录入、多点共享”，不仅打破了原本跨平台、跨条线的“信息孤岛”，而且能让社工腾出更多时间和精力开展走访服务，大大提高了服务居民群众的效能。

三、社区治理体系与治理能力现代化的推进过程

社区治理智能化既是社区治理体系和治理能力现代化的重要组成部分，也是推进社区治理体系和治理能力现代化的必然要求。它旨在找准智能化与社区治理的结合点，将智能化与社区治理高度融合，进而不断提高社区治理科学化、精细化、人性化水平。

1.公共决策科学化

作为“服务型政府背景下的行政决策”，公共决策是一个发现

问题、分析问题、解决问题的行动过程。只有遵循科学的决策程序，才能做出正确的决策。而智能化技术恰恰可以为社区治理决策主体主动发现问题、科学分析问题、有效解决问题提供更畅达、更明确、更可靠的路径。

（1）“智能发现”更高效

传统基于人工发现问题的做法存在效率低、成本高、盲区多等不足。利用人工智能领域中的机器学习、关联分析等技术，可以直接抓取人的数据信息，实现数据的统筹和关联，更全面地反映社会现象。智能化治理可以在数据获取中构建以公众为主体、以问题为核心的数据结构，面向公众主体获取信息，并详细地进行分析和应用，不仅能够有效提高发现问题的广度和深度，还可以大大提高问题发现的效率。

（2）“智能分析”更快捷

传统社区治理模式对治理问题的分析需要花费很长的时间。大数据技术是治理决策的新手段、新工具，具有动态、高速的特点。立足于大数据分析，及时掌握居民的需求偏好，实时为制定公共政策提供动态信息，这为快速制定出更加人性化的公共政策提供了条件。

（3）“智能决策”更科学

以往制定解决问题的方案大多是根据决策者的治理经验或依据传统的数学模型和人工统计的数据，这不可避免地会受到人为因素的影响。智能化治理主要是以大数据和人工智能技术为依托，运用科学的计算模型，使解决方案从抽象到具体、从模糊到精确，实现了从以有限个案为基础向用数据说话、从经验治理向数据治理的转变。

2.社区治理精细化

一流城市要有一流治理。社会治理智能化就是对现代化治理工具和手段的运用，可以让社会治理在流程优化、多元协同、公开透明等方面具备优势，提高实时感知发现问题、快速有效处置问题的能力，因而有助于社区治理精细化水平的提升。社区治理主体可以通过获取、存储、管理、分析等手段，将具有海量规模、快速流转等特征的数据信息变成可用的社会治理要素，广泛应用于社区治理领域，通过精准分析、精准施治、精准服务、精准反馈，更好地服务人民群众。

（1）以治理流程优化促进社区治理精细化

智能化以精准、严谨、细致为标准，通过智能化设备和手段，将复杂问题简单化、简单问题流程化、流程问题定量化、定量问题信息化，从而使治理流程得以优化。运用智能设备可以将原来社区治理中依赖的大量人力、物力解放出来，既节省了大量行政成本，又避免了判断的主观性，同时促进了社区治理精细化。

（2）以互动方式优化促进治理方式精细化

智能化具有推动政府组织再造、体制机制创新、多元主体协同、社区居民参与等多种功能。通过信息整合、流程优化、机制创新等手段，为政府和社会、民众搭建一个智能化的沟通平台，使参与社区共治的各主体与政府联系更便捷。政府之外的社区治理主体也可以借助这个平台实现互动协商，消除各自为政的状况，避免因统筹协调不力而出现资源浪费和效率低下的情况。在多元主体充分互动的情况下，社区治理中的各方诉求将有可能得到更充分的回应，这也是实现社区治理精细化的一个重要方面。

3.公共产品与服务人性化

社区治理的出发点和落脚点是让群众拥有更多的获得感、幸福感和安全感，这就必然要以群众需求为导向。社区治理智能化通过对社区治理过程中民情民意数据的采集分析，设计出更具人性化的公共政策和服务方案，可以提升公共服务与居民需求的契合度。传统的公共产品与公共服务部门向居民提供的公共产品和服务大多是均质化、标准化的，很难满足居民的个性化需求。大数据和人工智能技术可以汇集和处理海量居民信息，能够全方位、高精度地识别出居民的个性化诉求，从而根据不同的诉求提供不同的公共产品和服务，最大限度地满足居民的诉求、改善居民获取公共服务的体验。比如，上海的“一网通办”平台就是运用智能化技术推动公共服务更加人性化的一个典范。通过将政府各部门的职能进行高度整合，形成一个既简洁明快又方便易用的电子政务平台，以居民实际的办事需求设计具体业务接口的分类标准，极大地方便了办事群众，使他们有一种“在网上办事像网购一样方便”的感觉。

四、技术与人力、制度、资金的有机互动过程

科技革命提高社会生产力、改变社会生活面貌的巨大作用体现在社区治理领域，就是技术要素加入社区治理公共产品或公共服务的生产过程。在这里，技术要素不能独立发挥作用，需要与人力、制度、资金等要素有机结合。

1.技术与人有机互动的过程

在社区智能化治理的过程中，不论是治理主体还是治理客体，人都是其中的核心要素，既是出发点，也是落脚点。“为了谁、依

靠谁这一根本问题”必须首先明确。一方面要坚持以人民为中心的发展思想，把广大居民的根本利益放在智能化建设的首位，另一方面也要满足广大干部社工的工作需要，激发广大干部社工利用智能化技术提升工作效率的积极性。总之，离开了人这个核心要素，社区治理智能化就成了无源之水、无本之木。

（1）社区治理智能化是信息技术与居民互动的过程

在社区治理智能化过程中坚持以人民为中心这一根本立场，要充分尊重人的主观能动性，激发人民群众的聪明才智，发挥人在治理中的主体作用，防止技术依赖，本末倒置。社区治理智能化虽然在形式上讲求治理工作数字化、数据化、电子化，基本上是通过各种机器设备设施实现治理的过程，但是其核心目的仍然是回应群众需求、服务群众需要，让社区群众在智能化治理中有更多的获得感、幸福感和安全感。因此，在社区治理智能化过程中，不论是制度设计还是技术支撑或资金投入，都要紧紧围绕这一核心目的展开，不能偏离中心，为智能化而智能化。由于社会治理关乎人们的情感、利益和诉求，“很多信息很难标准化”，因此，社情民意的分析也不能仅仅依靠大数据，还必须充分重视线下分层分级的分析诊断，做到线上线下的分析研判相结合。这就要求我们要重点围绕群众关心的教育、医疗、养老、文化、安全等领域，打造智慧医疗、智慧教育、智慧文化、智慧生活、智慧公交、智慧运动、智慧商圈等应用场景，既要确保服务内容的丰富性和覆盖对象的全面性，又要做到高效、精准地破解社区治理难题，从而满足人民群众日益增长的个性化、多样化需求。

（2）社区治理智能化是信息技术与干部社工互动的过程

干部社工是社区治理智能化的主体，不论是决策制定还是制度设计，都要由人来组织实施，这是决定社区治理智能化成败的关键因素。这就要求每位干部社工都要在推进社区治理智能化过程中尽可能做到解放思想、更新观念，不断提高自身的科技素养。每位干部社工首先要树立智能化的理念。要不断适应治理体系和治理能力现代化的要求，树立数据化治理的思维和意识，主动拥抱“智慧社区”。其次要努力提高自身运用智能化技术的能力。通过学习研究，弄清社区治理智能化的要点和规律，寻求信息技术与社区治理的最佳结合点，掌握智能化技术手段推动社区治理精细化的作用机理，学会运用大数据和人工智能技术分析社区治理中遇到的问题，从而让智能化治理成为治理主体消除社区治理痛点、化解治理堵点的有效手段。

2.技术与制度有机互动的过程

制度是决定因素，带有根本性、长期性和稳定性，是组织和程序科学稳定发挥效能的根本保障。要实现真正意义上的社区治理智能化，制度创新非常关键。创新社会治理，核心是人，重心在城乡社区，关键在体制创新。只有先进的理念，没有完善的制度和顺畅的机制，社区治理智能化的效能必然会因缺乏保障而难以充分实现。

（1）顶层设计确保可持续性

建立健全制度并形成长效机制既是推进社区治理智能化的客观需要，也是社区治理智能化在社会治理框架内运行的应有之义。所以说，社区治理智能化不仅要有技术层面的设计，更要有制度层面的建构。顶层设计是否科学、是否具有前瞻性，决定着社区治理智能化的效能和水平。

（2）建章立制确保规范稳定

制度建设是破除旧制度和建立新制度相互协调、有机统一的过程。健全制度主要体现为一“破”一“立”。“破”就是打破利益固化的体制壁垒，为共建共治共享扫清体制上的障碍，破除不适用的旧制度；“立”就是建立适用的新制度，着眼长远、权责一致、标准统一，通过技术与制度的互动发展形成社区治理的闭环，为社区治理智能化提供制度保障。

3.技术与资金有机互动的过程

充足的资金支持是开展一切工作的基础，社区治理智能化也不例外。社区治理智能化基于先进的发展理念，采用的多数是最前沿的技术，需要大批高科技人才支持和高精尖设备配套，需要一大批新型信息基础设施建设，资金需求量较大，这是不言而喻的。这里重点谈谈社区治理智能化中的资金投入与新型基础设施建设的关系。

人类进入农业社会后，定居型的农业对供水、农业灌溉、道路以及维系国家治理的社会基础设施都提出了要求。英国工业革命发生后，人类社会由此进入工业社会。以蒸汽、电力驱动的机械动力取代了人力、畜力，对基础设施的要求亦不断升级，更高等级的道路、铁路、运河、海港、电力、电报、电话等经济基础设施以及污水和垃圾处理、通信系统、医院、学校等社会基础设施成为经济社会发展的基本要求。20世纪下半叶以来，随着计算机以及因特网的发明，人类进入信息社会。在信息社会，由光纤、无线通信、有线网络、电信机房等构成的互联网基础设施成为这一时代最重要的新型基础设施。进入21世纪以来，随着新一代信息技术的发展，网络空间与物理空间（现实世界）的融合程度不断加深。物联网、移动互联网的发展构建了一个万物互联的世界，并在产生实时大数据。随着海量数据的积累、算力的快速提升和算法的不断优化完善，人工智能技术开始大规模应用，数据成为贯穿经济社会生活全领域、全流程的生产要素，一个智慧型社会正在浮现。智慧社会是随着云计算、大数据、物联网、移动互联网、人工智能、虚拟现实/增强现实、区块链等新一代信息技术的成熟和广泛利用而出现并深度发展的新型经济社会形态，在科学技术、产业活动、人民生活、社会治理等方方面面都呈现出高度智能化的特征。过去，大量经济活动建立在以铁路、公路、机场等为代表的传统基础设施建设之上。在智慧社会，经济和社会活动则需要建立在能支撑数据采集、传输、存储、处理、利用并由新一代信息技术发展形成的新型基础设施的基础之上。

随着经济社会的变革，支撑经济社会发展的基础设施也在不断迭代。智能化时代的来临，必然会要求新型基础设施建设及时跟上。就社区治理智能化而言，必然要求与社区治理智能化相适应的新型基础设施建设相配套，而其中的基建费用是相当高昂的。所以，在起步阶段，社区治理智能化是很耗钱的。相应的，社区治理智能化如果决策失误，其损失也是相当惊人的。这主要是与新型信息基础设施建设的两个特点有关。

第一个特点是不确定性大。数字技术作为快速演进中的前沿技术，具有高度的不确定性，包括技术的不确定性、市场的不确定性、组织的不确定性。

第二个特点是价值折旧快。与传统基础设施以机械、建筑物、设施等物质产品为主要表现形式不同，新型基础设施的主要物质载体是电子信息产品，以及其中蕴含的大量算法、软件和服务。相较

于机械、建筑物和设施，电子信息产品与软件、互联网服务的技术进步更快、折旧周期更短。

综上所述，推进社区治理智能化决策一定要谨慎。谨慎决策往往与审慎的顶层设计相关联。否则，将可能造成较大的财政资源浪费。

五、智能化技术应用的进化过程

社区治理智能化不是一蹴而就的，而是一个需要不断迭代进化的过程。迭代本是一个数学概念，指的是循环反馈过程、不断用变量旧值推出新值的活动，与递推的概念相近。每重复一次过程称为一次“迭代”，而每一次迭代产生的结果会作为下一次迭代的初始值，通过多次迭代使结果无限逼近或达到原先所设定的目标。社区治理智能化正是通过不断地重复“发现问题—升级工具—制定对策—解决问题”这一套闭环作业，实现其自身的不断迭代进化。因此，认识到目前国内社区治理智能化实践中存在的一些问题，对于我们今后开展社区治理智能化建设，实现已有项目的提档升级意义重大。

1.迭代方向

实现社区治理智能化的迭代进化，需要以当前实践中存在的问题为基点，向解决问题的方向不断改进。目前，国内很多城市都在如火如荼地开展社区治理智能化的实践。从已取得的成果来看，社区治理智能化虽然形成了各式各样的“智能平台”，但在建设的指导思想上仍难以摆脱“工具思维”这一桎梏。比如，通过人脸识别系统识别犯罪嫌疑人，通过智能分类垃圾箱帮助居民做好垃圾分类工作，等等。虽然这些智能设备或智能平台的确在具体的社区治理场景中促进了治理效能的提升，但我们不能简单地将智能设备或智能平台理解成社区治理的技术工具，而应该摒弃“工具思维”，把对社区治理智能化的认识上升到治理理念或治理哲学的高度。

也就是说，应该围绕社区治理智能化思维和逻辑来设计相应的体系和制度，在社区治理智能化系统设计和体系构建中遵循现代社会治理的理念和原则，嵌入中国社会治理的制度安排和结构设计，突破技术的“工具思维”，运用互联网思维促进机制创新和流程再造，同时与社区治理各类主体的需求和实践相结合，从根本上改变社区治理固有的模式。如果智能化仅仅是增添了一种新的工具，办事遵循的还是过去的规章制度，长此以往，旧的制度必然会限制新的技术设备发挥其应有的功能，这就跟落后的生产关系会阻碍先进的生产力发展是同样的道理。

社区治理智能化除了要在建设指导思想上摒弃“工具思维”，将智能化上升为一种理念或哲学外，还要在具体的智能化技术应用上加大投入，力求使智能化的能级和水平得到更大的提升，从而让多元主体有更多的意愿和动力参与社区治理。

（1）提升智能化水平

目前，国内社会治理智能化发展总体上还处在初级阶段，存在大数据治理观念不强、智能化基础设施不足、智能化治理不平衡不充分、数据资源开放共享不畅、智能化人才缺乏等问题，离社会治理精细化、社会服务精准化、社会生活品质化的要求还有一定的差距。

（2）多元主体的参与意愿和动力有待增强

在当今中国的基层社会治理中，政府需要携手包括居委会、社区社会组织、驻区单位、社区居民、社区志愿者在内的多个主体共同致力于社区治理，以期完善“共建共治共享的社会治理制度”。这些治理主体被称为社区治理的多元主体。由于过去一直都是权力高度集中于政府，非政府的各类主体长期处于“被领导”或“被管辖”的状态，这使得他们形成了大小事务都依赖政府的习惯。虽然他们参与自治共治的热情很高，但对社区治理的认识以及治理社区的能力却不同程度地存在欠缺。这就使得非政府主体难以与政府形成分工合作、协同推进社区治理的局面。

2.迭代路径

（1）加强数据归集与共享

加强数据分类归集、整合共享是提高社区治理智能化水平的基础性工作，应强化信息化资源的统筹力度，狠抓数据资源归集与分析，努力破除信息壁垒，解决部门间的协调分工问题。

一是增加物联感知设备的布设，实现各条块数据无条件归集。目前，即便是像上海浦东这样社区治理智能化能力和水平在全国相对领先的地区，各街镇、各小区的摄像头、人脸识别系统、道闸系统等物联感知设备的布设也存在死角，覆盖面还有进一步提升的空间。因此，实现物联感知设备布设无死角、全区域覆盖将是下一阶段社区治理智能化的一项重点工程。同时，还需要统一数据标准，做好物联感知设备的数据对接工作。

二是推进数据资源共享平台建设，实现数据交换共享。基层社区应有针对性地开展数据清理与归类，提高数据质量。同时，要持续梳理汇总数据需求清单，推动数据共享进一步落地。在开展基层社区信息采集时，要以“基层台账多表合一”为原则，全面清理各部门涉及居村的台账信息，明确“一数一源”，避免数据重复填报和多头录入。

三是推进基层社区治理数据库建设，实现数据反哺基层。各街镇应以大数据中心为枢纽，会同有关部门加速推进各类数据归集和梳理，建立基层社区治理数据库，不再依赖社区管理人员的记事本，逐步把“要数据”的对象从社区变成社区数据库。

综合以上三个方面的考虑，目前比较急迫的是进一步优化社区数据采集使用模式。可明确某个智能平台作为社区层面信息系统的统一入口，将各个不同部门部署在社区内的信息系统统一整合进一个平台，实现社区信息系统“一头管理”。可基于社区治理智能化平台的应用，优化各类标签数据管理和共享模式，实现数据反哺基层社区，为基层赋能。

（2）拓展智能化应用场景

拓展智能化应用场景是加强智慧社区建设、提升社区智能化水平的重要举措。这意味着我们需要在已有的智能化应用场景的基础上，深入挖掘智能化技术的潜力，开发出更多、更能满足群众需要的智能化应用场景，把更多资源下沉到基层，更好地提供精准化、精细化服务。

目前，需要加快社区治理智能化应用场景运用。从区域上看，住宅小区是重点，要加快各类住宅小区门禁和视频设备安装改造，推进居住区域的智能安防建设。从领域上看，要聚焦健康养老、社区医疗、文体教育、交通停车、垃圾分类、电商零售等重点领域，开发应用场景。与此同时，要借助一定的智能平台，叠加各类工作场景和社区治理工具，为社区治理提供基础数据、工作知识、资源对接、移动办公、居社互动等业务支撑。此外，在拓展智能化应用

场景方面，还要注意以下几个方面。

一是完善组织领导和绩效考核评价体系，形成高效协同的领导架构和工作机制。

二是精准聚焦短板场域，拓展智能化应用场景。以解决民生问题、满足民生需求、提高民生质量为导向，利用大数据和人工智能技术，分析社区居民的各种需求，不断发现社区治理中的难点、痛点问题。同时，引入智能技术专业公司等力量，制定智能化应用场景建设方案，研究开发新的智能化应用，并根据用户反馈情况不断提档升级，改善用户体验。

三是大力推广智能化项目，实现智能化应用品牌化。近几年来，在推进社区治理智能化建设过程中，上海浦东新区已经打造了一批优秀的智能化应用品牌，包括“浦东i党建”“浦东e家园”及浦东“城市大脑”等。下一步可在继续完善这些应用功能的基础上，加大宣传推广力度，提升其品牌价值，使得人们在需要某项服务时能够马上联想到某个品牌的智能化平台，增强用户黏度。

四是做好财政保障工作，加大政府财政资金投入。财政可重点支持信息基础设施建设、关键行业和区域智能化应用体系建设、公共服务平台建设、试点示范项目建设。同时，进一步以产业投资基金形式吸引社会资金共同参与开发，建立多元化、多渠道、多层级的智慧社区建设投融资体系，打造良好的金融环境。

（3）推动多元主体的参与

多元主体是推进社区治理智能化、实现社区自治共治的重要力量。要继续发挥智能化技术强大的资源整合、信息共享、互联互通的功能，切实增强多元主体之间的联系和互动，培养和激发非政府主体参与社区治理的习惯和热情，以期成功建设“人人有责、人人尽责、人人享有的社会治理共同体”。

下面以上海浦东新区的具体做法为例予以说明。

一是依托基层社区党建平台，继续做好党建引领工作。在这方面，上海浦东的做法是，在“浦东i党建”与市党建服务中心管理平台、区城运中心、区地工委居村电子台账系统、街镇“全岗通”社工助手系统、居村电子台账系统等平台深度对接的基础上，推进实施“两进入两做实两联动”，不断完善“三个民生”资源商城建设，推动居村委与委办局无缝对接，让资源真正下沉到社区，让服务真正温暖到居民，为社会力量参与社区共治拓展渠道，为居民参与社区自治打造平台。

二是依托居民自治智能化平台，打造人人参与的新局面。在拓展居民参与社区治理的渠道、提高居民参与社区治理的积极性、提升社区治理的效能等方面，“浦东e家园”智能平台都起到了积极显著的带动作用。全国其他地区可以借鉴浦东新区这一做法，设立居民自治的智能平台，不断增加用户数量、完善平台功能、健全配套机制，培养居民通过平台上报社区问题的习惯，让其养成合理表达自身诉求的习惯。同时，各街镇、居村也要积极帮助居民特别是中老年人掌握必要的移动互联网和智能化应用知识，使他们具备使用智能终端的能力，从而提高智能终端的使用率。

三是依托城运中心智能平台，努力提高社区联勤联动能力。各地应当围绕城运中心智能平台建立部门联动、市区联动的工作机制，推动形成市、区、街镇、居村多级联动，统筹协调各项资源的工作格局。增强基层社会工作者的主体责任意识，加快资源下沉，理清各联动主体的权责范围以及具体的工作步骤，促进居村、联勤联动站积极配合，响应城运中心的派单指挥。同时，加强对居村工作站的管理，实现居村工作站服务标准化、制度规范化。

四是依托社区工作者智能工作平台，加强人才培养和队伍建设。近年来，上海浦东通过“家门口”服务站这一基层载体，全面推广了“全岗通”社工助手平台。其实，不仅是基层社区的社工可以依托这一平台进行培训，对参与社区共治的社会组织成员、志愿者等主体进行培训也可以利用这一平台，培训内容可包括政策法规、行业标准、服务规范、操作技能等方面；培训的目标是要实现各类岗位职能由“专一职能”向“一岗多能”转变，工作方式由“条线为主”向“以块为主、条块结合”转变，服务方式由“等上门”向“走上门”转变，打造全能型社区工作者队伍，真正实现社区“书记减能、社工增能”。

五是依托社区资源分配智能平台，增强社会力量的参与活力。各街镇、居村一方面应充分梳理、掌握社区内的资源，合理安排各类公共事务，自觉运用智能化技术建立双向服务、互利共享的社区资源分配平台与机制，建立信息化专家委员会、信息基础设施合作同盟，汇聚相关专业领域社会资源，在统一规划、集约建设、资源共享、规范管理等方面形成合力；另一方面还应明确向社会组织、企业和其他社会机构购买社区公共服务的范围，并规范购买服务的流程，创新政社合作机制，导入“PPP”机制（Public-Private-Partnership，公共私营合作制），引导和鼓励社会公众共同参与。吸引社会力量参与的范围除了智能化基础设施建设和包括公共产品在内的公共服务提供等方面之外，还可积极创造条件，在社区治理的各个领域吸引社会力量参与，为居民提供更优质、更专业的服务。

社区治理智能化是一项庞大而复杂的系统工程，需要将智能化技术贯穿于社区治理的全过程，并与制度框架内的实践和需求无缝对接，需要不断迭代进化和提档升级智能化技术的各项应用，这不可能一蹴而就。而且，我们当下置身的技术化社会3.0版已出现两大变局，即个体和组织行动者身上都“汇集了在场和不在场、可识别和不可识别行动”，“非物理空间正在成为场景化潮流的主场”。这导致基于技术化的社会治理不得不面对这两大变局带来的严峻挑战，即“发生在非物理空间的不可识别行动者的不在场行动”以及“技术与规则迭代的异步性”。因此，只有本着治理理论与社区实践相结合、技术创新与制度创新相结合的原则，科学有序、稳步扎实地系统推进，才能收到成效。我们只有在不满足于当前成就的基础上，不断探索智能化的可能应用场景，不断释放行政资源的活力，才能逐一破解社区治理面临的各种难题，实现社区善治的目标，进而为实现整个社会的长治久安贡献力量。

第二节 社区治理智能化的主要功能

21世纪初与其说是一个属于互联网的时代，不如说是一个属于中国互联网的时代。在短短的十多年时间里，百度、阿里巴巴、腾讯等一批中国互联网巨头拔地而起，不仅创造出了一个个数百亿甚至上千亿市值的商业奇迹，而且创造出了一系列以“互联网+”为主题的新业态，如网购、即时通信、共享经济等。这些新业态彻底改变了中国人的消费习惯和行为模式。在互联网浪潮的冲击下，中国社会的组织架构随之发生深刻变化，人与人之间的关系变得越来越网络化，个体对商品和服务的需求越来越个性化，政府的管理模式也由管理型政府向服务型政府转变。与此同时，社会治理思维逐渐取代传统的社会管理思维，这是时代的进步倒逼行政体制革故鼎新。

如果说18世纪第一次工业革命带来的是机械化，19世纪第二次工业革命带来的是电气化，20世纪第三次工业革命带来的是信息化，那么，21世纪我们将面对第四次工业革命带来的智能化。将智能化称为技术化社会3.0版，意指以“数字革命”为本质特征的技术创新与应用已经进入社会化创新和应用阶段。智能化必将对我们的工作、生活以及思维习惯产生颠覆性的影响，同时进一步延伸行政作用的边界，将社区治理的方方面面一并纳入智能化大网。

一、社区治理效能与智能化

科学技术是第一生产力。生产力也称社会生产力或物质生产力，它是人们改造、控制和征服自然，获取物质资料的能力。生产力要素包括实体性要素和智能性要素两大部分。实体性要素包括劳动对象、劳动者和劳动资料，而智能性要素指的就是科学技术。科学技术是知识形态的生产力，它可以渗透到劳动者、劳动资料和劳动对象中，引起这些基本要素的变化，从而转化为直接的生产力。这个过程类似于化学反应，其中科学技术就像化学反应中的催化剂，能使生产力的发展发生质的飞跃。在信息社会中，信息和技术就是最主要的生产要素。生产力的先进性集中体现在科学技术的贡献度上，具体包括两个方面：一是科学技术渗透到生产力其他要素中的程度；二是科学技术在生产力全要素中的占比。科学技术的渗透程度越高、占比越大，社会生产力就越先进。

目前，作为代表科学技术的生产要素，信息和技术要素已经在很大程度上显示出了对土地、资本、劳动力、资源和能源等要素的替代作用。之所以说科学技术是第一生产力，主要是因为科学技术具备让生产力不断发生“化学反应”的能力，可以让生产力不断保持先进性。同理，以物联网、大数据、人工智能为代表的智能化技术也可以说是社区治理的第一生产力。

首先，智能化技术代表着科学技术发展的最新阶段。所谓智能化，通俗地说，就是尽可能排除人的操作，让机器按照事先设置好的一定程序自动运行。更进一步的智能化系统还具有深度学习、自我进化的能力。智能化集成了一大批最前沿、最尖端的信息科学技术成果，将这些成果推广到其他学科和行业部门中，可以改变这些学科与行业的生态面貌，并催生出更强大的生产力。

其次，社区治理也存在生产力先进或落后的问题。因为从它的主要产品来看，社区治理除了“生产”社区内需要的包括各类公共产品在内的公共服务外，还能“生产”社区生活中良好、安定的秩序。这种提供公共服务、解决社区问题、维持社区秩序的能力就是社区治理的生产力。社区治理的生产力也包括劳动对象、劳动资料、劳动者以及科学技术等要素，而智能化技术作为当代科学技术的先进代表，其根本目的就是解放生产力，减少人的工作负担，使人有更多的时间和精力投身于更加复杂、更富有创造性的工作。所以，智能化理应与社区治理生产力的各要素紧密结合，帮助社区治理各要素之间加速发生“化学反应”，进而大幅提升社区治理的效能。

科学技术的发展是一把双刃剑，与社会发展之间存在着对立统一的互动关系：既有能促进社会和谐的一面，也有会产生新问题、新矛盾从而影响社会和谐的一面。比如，交通和通信科技的发展曾

经直接带来了行政边界的外拓和社会控制力的增强，而通信技术的发展则强化了社会离心力，增加了社会失控的风险。又比如，机器取代人是人们对智能化发展的一种普遍担忧，而技术革新引发的利益格局调整问题、数据滥用带来的个人隐私泄露问题也是目前智能化技术推广的阻力。

关于智慧社会治理所必须面对和解决的重大课题，国内有不少学者都做了归纳总结，其中主要有现实与虚拟双重空间的生活逻辑、人机交互分不清主客的工作场景、数字化人类的生物与数字二维面向、建模算法设计者人为的价值偏好、代码规制过程锁定的制度化应用五个方面。

新时期加强科技与社会关系治理必须着力实现科技创新收益和风险的有效平衡，着力实现多元参与和协同共治的有效结合，着力实现一般规则和特殊工具的有效统一，保证科技创新更好履行社会责任。就大数据统计和分析而言，我们还没有在个人价值与社会价值的折中方面形成任何共识。然而，构建数据驱动的社会的最大障碍既不是数据的规模或速度，也不是共享数据的隐私和责任，最大的挑战是要学习如何基于对数十亿的个体连接的分析建构社会组织。在社会治理智能化推进过程中出现这样或那样的矛盾和问题完全是正常现象，历经多年改革开放，我们应该有信心在发展的过程中不断解决由发展带来的新矛盾、新问题，因为发展本身就是一个不断解决矛盾和问题的过程。

劳动对象是人们在物质生产过程中将劳动加于其上的一切东西。劳动对象分为两大类：一类是天然存在、未经人类劳动加工的劳动对象，如原始森林中的树木、地下矿藏、海底资源等；另一类是人类劳动加工过的原材料，如钢材、棉花等。社区治理的劳动对象是社区治理工作中所面临的一个个具体问题，如养老问题、“停车难”问题、老旧小区居民楼安装电梯问题、垃圾分类问题等。有的问题相对简单，有的问题实际上是包括一连串问题的“问题集”，治理起来牵涉方方面面的利益，比较复杂。但这些问题都有一个共性，那就是解决它们需要调动大量的公共资源。而智能化技术有助于调动公共资源，具体体现在它通过信息的归集整合，一方面掌握民意诉求，另一方面调动政府内部及外部资源，形成有针对性的社区治理方案，从而直击民生问题的难点、痛点，打通社区治理各环节中的堵点。比如，浦东新区为辅助社区基层党建工作，设计了“浦东i党建”智能平台；为促进居民参与社区自治，设计了“浦东e家园”智能平台；为方便基层社区网格化管理与服务，设计了像“北蔡e生活”“洋泾社区云”和塘桥“社区大管家”这样的“家门口”智能服务平台，这些平台都是为解决社区治理工作中的具体问题服务的。

二、变革社区治理工作手段

劳动资料亦称“劳动手段”。作为人们在劳动过程中用来影响和改变劳动对象的物质资料的总和，劳动资料的范围很广，其中最重要的是生产工具，或称“机械性的劳动资料”。在人类历史上，石器、青铜器、铁器和机器都曾被作为主要的劳动资料，而当今世界则以计算机、互联网等为主要的劳动资料。时至今日，这种劳动资料的变革又集中体现在以智能化技术为支撑的智能化系统的演进上。

社区治理的劳动资料包括各种行政文书、表格、账册，还包括各种通信工具、交通工具，以及用以维持社会秩序的指挥工具、国家机器等。近20年来，计算机作为一种办公工具已经普遍运用于社区治理，互联网更是让网上办事、电子政务等理念深入人心，极大地提高了政府部门的办事效率和服务水平。而智能化的价值则在于能够对社区治理原有的信息工具进行改造升级，提升它们的功能，同时源源不断地为社区治理提供新工具，就像一个先进的“兵工厂”，不断为社区治理打造各式各样的“尖端武器”。

像上海这样的领先地区，智能化的“兵工厂”作用已经在政务服务“一网通办”和城市运行“一网统管”两张网建设中得到充分展现。以上海浦东新区为例。早在2007年，浦东新区就已经构建起了被称作“两网一平台一门户”的电子政务应用基本体系框架。该框架具体包括浦东新区公务网（涉密）、政务外网、电子政务应用和信息发布平台以及“上海浦东”门户网站。这个电子政务框架为后来电子政务建设的深化以及最近几年开展的社区治理智能化建设打下了基础。随后的十多年时间里，浦东新区先是由各部门、各街镇“各自为政”，在部门内部搭建起各类信息化平台，并在实践中逐渐完善其功能。然而，以部门为中心建设的信息化平台难免存在比较严重的“信息壁垒”问题。各部门之间的数据难以共享，资源难以整合，要顺应大部制改革要求实行合署办公更是难上加难，无法满足社区治理的实际需求。

正当以物联网、大数据、人工智能为代表的智能化技术在社会生活的其他领域大展身手之际，浦东新区的管理者们敏锐地“感应”到智能化技术强大的资源统筹与调配能力，并迅速将智能化技术运用于社区治理，极大地提升了治理能级，带来巨大的社会效益。近几年来，浦东新区围绕社区治理中痛点、难点、堵点问题的解决，依托大数据、人工智能等智能化技术，建立起了一个相对完整的社区治理智能化平台体系。这一体系既包括一套统揽全局的社区治理智能化顶层设计，也包括这一顶层设计下的各类智能化具体应用，其内容几乎涵盖了浦东新区社区治理的方方面面。

三、提升社区治理工作熟练程度

劳动者是具有一定生产经验、劳动技能、知识和智力的人，即将劳动资料作用于劳动对象的、有一定劳动能力的人。社区治理的劳动者指的是参与社区治理的各类工作者，既包括参与社区治理工作的政府部门及其附属单位的工作人员，也包括参与社区自治共治的企事业单位、机关团体的干部职工，还包括社会组织的从业人员以及社区居民、志愿者，等等。他们参与社区治理的动机不同，参与程度也不一样，其中政府部门及其附属单位的工作人员是社区治理工作者中的主导力量。

一般劳动者参与社会劳动，需要掌握一定的劳动技能来提高自身的职业素质，提升工作的熟练程度。同理，智能化系统操作技能的掌握也一样能够“武装”社区治理工作者，提升他们的职业素质与开展社区治理工作的熟练程度。

劳动者素质又称劳动力素质。它是劳动者的思想素质、身体素质、知识素质、技术能力素质等的总称。提高劳动者素质的主要途径是学习科学文化知识、掌握先进技术和参加社会实践。社区治理工作者的素质也包括思想素质、身体素质、知识素质、技术能力素质等内容。

智能化提升社区治理工作者素质的功能主要体现在它可以提升

社区治理工作者的专业知识和智能技术应用水平，通过智能化社区治理技能训练，培育出能够胜任新时代社区治理工作的人才。比如浦东“全岗通”社工助手，就是运用智能化技术培训基层干部和社会工作者的一个智能平台。该平台可以培训社会组织从业人员、志愿者等特定对象，培训内容涵盖政策法规、行业标准、服务规范、操作技能等方面。培训目标是要实现各类岗位职能由“专一职能”向“一岗多能”转变，工作方式由“条线为主”向“以块为主、条块结合”转变，服务方式由“等上门”向“走上门”转变，培育出一批批“全能型”服务人才，为社区治理提供可靠的高素质人才资源支持。当然，类似于“全岗通”的培训功能其他智能平台上也有，如社区基层党建智能平台，其很大一部分功能是学习培训；又比如社区“卫生云”，其中有一部分功能也是为帮助基层医生与大型医院的医生建立远程联系、交流经验设置的。

劳动熟练程度指的是劳动者在同等条件下从事某项生产（或劳务）活动的技能水平高低。它是劳动者素质高低的一个具体表现。与此密不可分的两个概念是熟练劳动和复杂劳动。前者指的是同一工种内具有丰富经验和熟练技术的生产者的劳动；后者指的是需要经过专门学习和训练，在技术上比简单劳动复杂的劳动。在同等时间内，熟练劳动能形成比非熟练劳动较多的价值，而复杂劳动也可比简单劳动创造更多的价值。劳动熟练程度、劳动复杂程度和劳动强度（也就是劳动密度）是影响劳动价值密度的三个基本因素；必要的劳动强度和必要的劳动熟练程度是社会必要劳动时间的有机构成，而商品的价值（也就是凝结在商品中的劳动）则取决于社会必要劳动时间。熟练劳动的能力和技巧通常是劳动者在完成某项工作中训练出来的，这种能力与技巧最终要体现在完成工作的速度和效率上。在外部条件不变的情况下，劳动者的工作熟练程度越高，其在单位时间内创造的价值也就越大。

智能化技术的运用可以提升社区治理工作者的熟练程度，主要体现在它可以通过整合社区内的各类资源，将一些复杂问题简单化，将大量的数据运算和社区工作流程后台化，间接达成提升社区治理工作者处理社区事务熟练程度的目的。如电子台账系统，它能轻松地完成大量数据的录入、检查、调阅、计算等工作，社区治理工作者只需要简单按几个按键就可以轻松生成各类报表，掌握工作动态，这种便利性在用纸质台账记录的时代是无法想象的。又比如社区城市运行综合管理中心，通过遍布社区内各个街道的监控网实时监控社区内的动态，管理者一旦发现异常，马上就可以通过指挥系统指挥相关部门前去处置，系统反应速度和处置便捷程度与过去相比有较大提升。

综上所述，社区治理智能化通过对智能化技术的应用，为社区治理打造简单易用、功能强大的现代化治理工具，提高社区治理工作者的职业素质和工作熟练程度，从而提升他们开展社区治理工作的效率，从容面对和解决社区治理过程中的一个个难题。当然，这也需要社区治理工作者的高度配合，充分重视用数据说话、运用数据分析问题的习惯的养成，积极主动地学习、掌握智能化系统工具的操作技能。

第三节 社区治理智能化与党建工作

党建工作即党的建设工作，是指党为保持自己的性质而从事的一系列自我完善的活动。基层党建工作主要包括基层党组织的党务工作和党的建设工作两个方面。社区基层党建工作智能化就是围绕社区基层党组织的党务工作和政治建设、思想建设、组织建设、作风建设、制度建设等党的建设工作展开智能化建设，实现科技赋能社区基层党建。

一、党务工作智能化

党务工作即党的事务工作，是党在领导中国革命、建设和改革活动中对自身事务的管理。从广义上来看，党的一切实际活动和对党的事务的管理都是党务工作的范围。从狭义上来看，党务工作是只针对党内具体事务的管理工作，包括党员和党组织管理、办公事务管理、会务和信访管理等。但在实际工作中，党的事务管理工作与党的政治工作、组织工作、宣传工作、纪律检查工作、军队建设工作、统一战线工作、群众思想政治工作、对外联络工作、文书档案工作都有交叉，难以完全区分开来。党务工作智能化的宗旨是将党务工作中的信息数据化、流程后台化，打破党务活动的时空限制，既让党员参加党内生活更加便捷，也让党组织管理日常事务变得更加容易。

上海浦东新区近几年在党建工作智能化方面就建立起了一个名为“浦东i党建”的智能党建平台，以服务于浦东新区基层党建工作开展为主要职能。基层党员干部可以在“浦东i党建”平台上开展党务工作，包括管理党组织事务、召开网络电话会议、调动党员干部联系走访群众、接收反馈信息等。“浦东i党建”有效提升了区内各部门的协同度，推动了信息资源的共建共享共用，扩大了基层党组织统筹资源的范围，极大地提高了基层党组织的日常管理和运行效率。

二、政治建设工作智能化

社区基层党建中政治建设工作的重点也在于坚定基层党员的政治立场、拥护党中央权威和集中统一领导、贯彻落实党中央的政治路线和纲领，同时严明党的政治纪律，维护党的团结统一，服从上级党组织的领导，努力在基层实现党的政治目标。因此，学习党的政治主张、明确党员干部的政治立场、监督党员干部的言行是基层党组织政治建设工作的重中之重，也是智能化技术手段发挥作用的首要阵地。

其中，学习党的政治主张是最容易实现智能化的一部分工作。比如，中宣部主管的“学习强国”平台，除了推送国内外要闻外，还会实时发布党中央、国务院的最新文件，也能够查询各类重要历史文件，同时平台聚合了大量可免费阅读的书籍、杂志、音像制品等资料，党员干部还可以通过线上答题参与互动来巩固学习成果，首次实现了“有组织、有管理、有指导、有服务”的学习，极大地满足了互联网条件下广大党员干部和人民群众多样化、自主化、便捷化的学习需求。而明确党员干部的立场，监督党员干部的言行，使其始终与党中央保持高度一致，这部分工作开展智能化建设的难度则相对较高，可以与基层党的纪律建设工作智能化“捆绑”起来开展。比如，在党建智能平台上开通网上监督举报通道，鼓励广大人民群众对党员干部的一言一行展开监督；将党员干部的微博、微信等自媒体平台纳入统一监管范围，制定党员干部日常行为规范，尤其是在网上发表言论的规范，有助于让政治立场和“站队”意识

融入党员干部的日常生活中去。

三、思想建设工作智能化

党的思想建设的重要性集中体现在为政治建设确定正确方向、决定政治建设的基本走向上，其核心是解决思想建党的问题，首要任务是要解决理想信念问题。党的思想建设工作的着力方向和实现渠道主要有四个方面，即理论学习、思想教育、思想政治工作和党内政治生活。所以，基层党建中的思想建设智能化也应当首先把重点放在理论学习和思想教育上。相比政治建设智能化中的教育内容来说，思想建设智能化中的理论学习和思想教育内容更加务虚、抽象，但这并不意味着这一块工作可以敷衍了事。因为政治上的清醒来自理论上的清醒，政治上的坚定来自思想上的坚定，政治方向的思想根源是理论立场，坚持什么样的思想理论，就会形成什么样的政治方向。马克思主义理论的精髓就是理论联系实际和实事求是，应该想方设法利用智能化技术展现马克思主义理论与日常工作相结合的具体案例，使广大党员干部真正掌握这一理论武器，从而发挥其指导实践的根本作用。

例如中宣部的“学习强国”平台，首页有“新思想”专栏，里面主要是党的领导人的工作动态以及最新讲话内容，对于广大党员干部实时掌握党中央的最新指示有较大帮助。同时，它还设有“实践”专栏，专门用于展示全国各地开展现代化建设的实践成果，可以为其他地区学习借鉴提供素材。鉴于此，各个地方的基层党建智能平台也可以设立形式多样、内容丰富的思想教育模块，结合当地社区的具体情况开展理论学习和思想教育工作。广大基层党员干部可以通过线上讨论的方式发表学习心得以及实践体会，社区也可以定期组织专家学者在平台上开展教学，解读中央的最新报告与专题论述，帮助社区内的党员干部学习领会中央精神。此外，平台还可以对学习进步积极分子进行奖励，鼓励基层党员干部参与理论研讨与创新，为丰富中国特色社会主义理论体系添砖加瓦。

四、组织建设工作智能化

党的组织建设指的是党根据形势发展和党的政治任务的要求，遵循党的组织原则和组织路线，不断改进和加强党的组织制度、组织机构、组织纪律、领导制度，提高干部队伍素质和党员队伍素质的活动。从广义上说，党的组织建设包括组织制度（包括民主集中制）建设、组织架构建设、党的基层组织建设、干部队伍建设和党员队伍建设等内容。而狭义上的组织建设则主要是指党的干部队伍和党员队伍建设，担负着为党的其他一切工作储备、考核与选拔人才的重任。

新时代党的组织建设必须以增强政治性为价值导向，以锻造高素质专业化干部队伍为首要任务，以提升基层党组织的组织力为重要抓手，以完善配套制度建设为根本保障。在社区基层党建工作中，组织建设工作主要体现在领导干部的选拔与任用、基层党员的发展与考核、党外人才的挖掘和招揽上。

什么是好干部？如何用可量化的标准来评判好干部？要解决这些问题，就有必要运用一些智能化技术手段。比如，利用干部与党员人才资源数据库，通过建立一个准确、翔实的人才数据库系统，将党员干部的能力、兴趣、工作成就、思想状况等一系列信息录入

其中，形成量化等级或评分。基层党组织可以利用人工智能技术进行筛选，针对社区的具体问题选配人才，组建起专业化的领导班子和工作团队。

除了建立人才资源数据库外，建立智能化的KPI考核制度也是基层组织建设智能化的一项重要工作。KPI考核法又称关键绩效指标考核法，是一种现代企业绩效考核方法。关键绩效指标就是能够有效反映关键业绩驱动因素变化的若干衡量参数，本质上是对企业战略目标的分解，强调组织目标的分解和关键工作指标的衡量。关键绩效指标的制定必须遵循目标管理（Management by Objective，简称MBO）理论的SMART原则，即具体（Specific）、可度量（Measurable）、可实现（Attainable）、相关性（Relevant）、有时限（Timebound）。KPI制度在很多大型企业的绩效考核中发挥了关键性作用，因此，基层组织建设可以参考这一考核制度，设计出适合基层党员干部及社工人才队伍的KPI考核智能化系统，并结合网上积分打卡、网络评价及群众监督举报等系统，督促党员干部在日常工作中更加注重实绩，不断提升为人民服务的能力和水平。

五、作风建设工作智能化

党的作风建设是党的建设的永恒主题。抓作风、改作风，是从严治党的突破口。党的作风是指在党的活动中表现出来的态度和行为，是党的性质、宗旨和世界观在党的活动中的表现。加强党的作风建设就是要端正党员领导干部和党的各级组织的思想作风、工作作风、领导作风、干部生活作风和学风、文风、会风，树立与党的性质、宗旨相适应的良好风尚。党的作风就是党的形象，关系人心向背，关系党的生死存亡。党的作风建设曾经强调发扬艰苦奋斗、实事求是、谦虚谨慎等精神，适应了革命和建设时期党开展具体工作的需要。如今，形式主义、官僚主义、享乐主义和奢靡之风“四风”问题是党的作风建设所面临的最尖锐的问题。因此，近几年来，党中央始终强调把“八项规定”作为加强作风建设的切入点、全面从严治党的突破口，党中央率先垂范、身体力行、较真碰硬、善作善成，从而开创了全面从严治党的新局面。

具体到社区基层党建，目前作风建设工作的重点仍然在“八项规定”的贯彻落实上，而智能化技术则主要应用于宣传“八项规定”、表扬先进分子、批评教育违规人员、开展群众监督等方面。比如，领导干部用车管理智能化系统、出差报销管理系统、“三公”经费管理系统、高档餐饮娱乐场所监控系统等，都可以成为贯彻落实“八项规定”的智能平台，将这些平台的功能纳入统一的党建平台中，对于基层党组织深入开展作风建设的促进作用相当显著。而与中央纪委、国家监察委等纪律监察平台形成联动，与广大媒体展开互动，开通举报窗口，充分发挥社会舆论监督作用，也是震慑违规党员、促进“八项规定”深入贯彻落实的利器。

六、纪律建设工作智能化

党的纪律建设指的是党为了将自身建设成思想上政治上行动上高度一致、有能力确保党的各项任务顺利完成的政党组织，以党内法规和一般性制度的形式规范党的各级组织和全体党员行为的理论与实践活动。党的纪律简称党纪，特指中国共产党为约束各级组织和全体党员不违反党纲党章而规定的一些强制性的行为规则，是党内法规制度的基本表现形式。这些行为准则主要可以分为六类，即政治纪律、组织纪律、廉洁纪律、群众纪律、工作纪律、生活纪律。党的纪律所规范的党组织和党员行为的内容并不局限于党内活动，还涉及党组织和党员在日常生活、社会交往、实际工作以及公权力使用等方面的表现。党的纪律建设在外延上涵盖了党的建设的各个方面，它通过“将党的建设各方面纪律化”，为党的建设提供保障。加强纪律建设是全面从严治党的治本之策。纪律建设与反腐败斗争共同净化党的肌体、纯洁党的队伍，而新问题、新现象的产生又要求有新的纪律予以规范。

在社区基层党建中，纪律建设工作一方面是要求全体党员干部学习领会党纲党章以及一系列关于党纪的文件精神，将党的纪律铭记于心；另一方面是监督党员干部自觉遵纪守法，揭露违反党纪的行为，并将处罚结果予以公示。在这个过程中，智能化技术发挥的作用至为关键。比如，通过各种智能音视频监控技术，调查党员干部违纪违法行为的线索，通过追踪党员干部个人账户中的资金流向，查找贪污腐败的痕迹等，这些都是纪委、监察委以及公安部门办案的强有力工具。而基层党建智能平台在纪律建设方面则主要发挥着教育和监督功能，通过加强学习和教育来强化党纪的约束作用。

七、制度建设工作智能化

党的制度建设就是把长期以来党的领导工作中和党内生活中的经验教训加以总结和概括，形成党的成员必须共同遵守的党内法规、条例、规则等党的制度，并狠抓贯彻落实。党内法规制度体系是以党章为根本，以民主集中制为核心，以准则、条例等中央法规为主干，由各领域、各层级党内法规制度所组成，具有内在逻辑的有机统一体。党内法规制度体系以“1+4”为基本框架，即在党章之下分为党的组织法规制度、党的领导法规制度、党的自身建设法规制度、党的监督保障法规制度四大板块。其中，民主集中制作为党内政治生活的重要法宝，为推进全面从严治党提供了重要的制度保障。

具体到社区基层党建，制度建设工作主要集中在基本的组织制度、领导制度、党建制度和监督制度等方面，同时也要加强基层民主集中制建设。智能化技术在应用于制度建设工作的过程中，除了发挥网上公示、组织学习、监督执行等功能外，还可以帮助基层党员了解、参与党内民主投票，开展民主集中制议事决策。如前文提到的“浦东i党建”平台，就为党员群众参与社区“三会”制度（即评议会、听证会、协调会制度）提供了一个方便快捷的平台，发挥了基层社区民主集中制的作用，有助于推行“政务公开”，培养基层党员干部及广大社区群众的主人翁意识，提高社区治理决策效率。当然，基层党组织的制度建设涉及党的各个工作环节，影响巨大，因此，广纳基层党员干部的意见和建议，针对社区内的新变化、新问题及时做出调整，也是制度建设的一个重要内容。我们应当鼓励基层党员干部积极为制度建设建言献策，注重在党组织管理中增强灵活性和体现人性化。

第四节 社区治理智能化与社区公共系统

一、社区治理智能化与社区公共服务

“互联网+”思维的内核之一，就在于将精细化、定制化的商业模式以“点对点”的方式推广到社会生活的每个角落。这种商业模式既符合人类彰显个性的需求，也适应各大厂商不断创新、开拓市场的需要。更重要的是，它已经深刻地影响到人们的思维和行为习惯。人们已经习惯于用“互联网+”思维来看待他们身边的产品与服务，尤其是年轻人，如果觉得某件商品或某项服务缺乏个性化特点或不符合精细化要求，那么他们就会觉得该产品或服务有些“落伍”。至于它们由谁提供，似乎并不重要。也就是说，不论是私人服务还是公共服务，人们这种要求“点对点”的差异化、精细化需求是共同的。相对于私人服务，公共服务具有服务面广、服务对象不特定、服务内容多元等特点，公共服务更有必要将这种“点对点”的精细化体现在每一个环节，力求每一个细节都做到尽善尽美。而运用智能化技术的意义也正在于能够帮助公共服务提质增效，尤其是在人性化、科学化、精细化上实现质的飞跃，从根本上提升公众的服务体验与满意度。

1.社区治理智能化与社区公共服务的关系

公共服务是政府为满足民众基本需求而设计和提供的各种服务项目和公共产品。同时，也有学者将公共服务的形式属性界定为

“福利”，认为公共服务是指政府运用其权威资源，根据特定的公共价值，通过公共政策回应社会需求，使最大多数人得到最大的福利。此外，公共服务的概念还有广义与狭义之分。狭义的公共服务指的是政府在经济调节、市场监管和社会管理职能之外提供保障“民生”、满足公民直接和普遍需求的行为。而广义的公共服务则指政府的所有行政管理和服务行为或公职人员使用公共权力与资源所从事的各项工作，包括经济调节、市场监管和社会管理职能中的监管行为。当然，本书所说的公共服务是指狭义的公共服务。在当今中国语境下，作为政府职能的公共服务，既泛指政府提供的全部服务，也特指政府保障改善民生的基本公共服务。

21世纪以来，中国政府高度重视保障和改善民生，并将改善民生上升到国家发展的战略层面，对民众生活至关重要的基本公共服务领域持续加大投入，经过十几年的发展，现已形成初具规模的基本公共服务体系。现阶段，我国政府提供的基本公共服务主要包括基本的社会保障、医疗保障和就业保障服务，基本的公共设施、公共空间、公共环境和公共安全服务，义务教育、公共卫生和公共文化服务，为适龄儿童提供免费基础教育，为老年人提供养老保障，为弱势群体和贫困人员提供保障与救济，为低收入群体提供住房保障，等等。

要特别强调“基本”二字，一方面是因为民生需求还有非基本、“高级”或“特殊”的一面，这方面需要通过混合公共服务或由市场提供的私人服务加以满足，不是基本公共服务必须满足的需求（这也是公共服务与私人服务的分野所在）。比如教育服务，政府设立的公立学校提供了义务教育的基本服务，但是如果想要学得好、学得精，除了加强自学外，还可以报名参加由私立学校或培训

机构提供的服务，这些服务就属于私人服务的范畴。

另一方面，特别强调“基本”是为了区别于服务对象公私难分的混合公共服务和面向私人部门提供的公共服务，说明“基本”公共服务对于社区居民维持基本生活水平、对于政府部门保障基本民生需求、对于维护国家安全和保持社会稳定具有不可替代的地位，而实现“基本公共服务均等化”也正是公共服务的首要任务。当然，这种“基本”特点并不妨碍公共服务提供方运用智能化技术来提升服务的精细化和差异化水平。比如，某个社区内有两位老人，他们的身体状况、家庭财务状况均不相同。基本养老、医疗服务必须平等地提供给这两位老人，不能因为他们个人的健康或财富差异而有所区别。但是，因为这两位老人的身体健康状况完全不同，需要的服务就可能有很大的差别。在这种情况下，公共服务提供方就可以运用智能化技术，针对不同的需求提供不同的服务，在基本公共服务均等化的前提下进一步实现公共服务提供的差异化与个性化。

在这里，需要明确的是，公共产品与公共服务是一对密切相关的概念，二者有很多共同点，只不过前者是以生产有形的产品为主，而后者提供的产品是无形的服务，这是它们最大的不同。至于在满足公众的直接需求方面，二者的功能其实是一样的。鉴于经济学中的“公共产品”概念难以全面解释公共服务的公共性，存在混淆公共服务责任主体与供给主体的弊端，也屏蔽了公共服务供给主体的多元化现实，而且在现实中公共产品大多只是公共服务的载体和工具，所以，很多时候，人们把提供公共产品的行为也看作是公共服务的一部分。

社区公共服务就是为社区居民提供的公共服务，尤其是基本公共服务。社区公共服务一方面是国家公共服务体系在社区层面的实现，另一方面也是国家明确的社区服务三种主要类型之一（另外两种为社区志愿者服务和社区便民利民服务）。这就是说，社区公共服务实际上是国家公共服务与社区服务交集的产物。基层政府或基层政府派出机构是社区公共服务的领导者和主要提供者，社区公共服务的其他提供者还包括医院、养老院、公立学校、幼儿园、社区活动中心等非政府事业单位，还有像自来水厂、发电厂、天然气公司、公交公司等经营公用事业的企业单位。此外，律师事务所、会计师事务所等专业服务机构基于主动承担社会责任的考虑，有时会为社区提供免费或者低价咨询服务，一般企业为了维护与社区之间的关系，有时也会提供一些具有公共性质的产品，如赈灾品、慰问品等，这些都属于公共服务的范畴。而社区居民、社区志愿者提供的一些义务劳动，有时也属于公共服务的范畴。因此，非政府多元主体也是社区公共服务的重要提供者，他们参与提供公共服务，可以在一定程度上补充和丰富政府提供的公共服务。

需要特别说明的是，因为公共服务需要动用公共资源，而公共资源不能为私人所占有，所以公共服务具有公益性、非营利性等特征。因此，生产某些公共产品的行为不一定能划入公共服务的范畴，比如路灯、电线杆、监控摄像头的生产，虽然它们最终会用于公共服务，但生产这些公共产品跟供水、发电、供应天然气有着本质的区别。前者是属于经营性行为，这些产品都有一定的利润空间，特别是监控摄像头，由于科技含量高，利润空间也比较大。水电气等公用事业虽然也收费，但国家为了保障社会公众的利益，设有一定的利润限制，所以，这些企业运营收入不足的部分就需要靠政府给予财政补贴。因此，为了让大家能够准确地把握公共服务的内涵与外延，我们把那些纯粹以服务公众为目的的非营利服务划入公共服务的范畴，把以营利为主要目的的服务划入私人服务或市场服务的范畴。

由于社区公共服务也是一种由政府主导、多元主体参与、社区居民为主要受益对象的服务类型，与社区公共管理有很多相似的地方，因此，在智能化建设方面，二者的要求也大致相同，都是一个运用物联网、大数据、人工智能等技术，整合资源与信息，优化工作流程，提升工作效率的过程。当然，与社区公共管理相比，社区公共服务智能化更多地强调“服务”的内涵。因此，改善服务体验，提升服务品质，体现人性化、个性化就成了社区公共服务智能化的主要特点，这种人性化、个性化尤其体现在各种智能平台人机交互界面的设计上。比如社区公共服务微信公众号，不仅要求各项服务功能要完整，而且要求功能设计要方便易用；界面外观也要有“设计感”，做到美观大方；公众号文章的内容也得在符合公众号定位与形象的基础上迎合受众偏好。总之，社区公共服务对人机界面的直观性和友好性要求很高，需要注重很多细节性工作。

从维持人的基本生存需求这个角度出发，社区公共服务还可以进一步分为两个大类。

第一，提供维持人们基本生存“必需品”的公共服务。如食品、水电气、安全、居住、交通、医疗、养老等，关乎广大社区居民最关心、最直接、最现实的利益问题，其中任何一项有缺失，都有可能威胁人们的正常生活。在这里，需要指出的是，政府部门的政务服务或窗口服务，看似与人们维持基本生存条件没有直接关系，却是很多其他公共服务的“先导服务”，因为如果不申请办理某些手续，很多公共服务人们就可能无法享受，因此，政府部门的窗口服务也算是人们生存的“必需品”。

第二，提供如教育、体育、娱乐等“必需品”的公共服务。其中最值得讨论的是教育的“必需品”属性。虽然人在缺乏教育的情况下未必活不下去，但想要活得更好，取得更大的成就，就必须接受教育，尤其在高度重视教育作用和价值的当今社会更是如此。因此，把教育服务划分为社会生活“必需品”也是合理的。至于体育和娱乐需求，就人的基本生存和发展来说，其必要性虽然不突出，但具有使公众在保持健康与快乐的基础上维持和提高生产能力的作用，所以也不应该被忽视。而且，长期缺乏锻炼，会使人们处于“亚健康”状态，严重影响人们的工作效率和生活质量，甚至危及生命。因此，社区也必须提供一些体育和娱乐类保障性服务，重视培养人们健康的生活习惯。

2.社区养老问题智能化

进入21世纪，中国社会开始面临人口老龄化问题的困扰，人口快速老龄化带来了一系列经济社会问题，对中国经济社会的长期健康持续发展提出了严峻的挑战。中国社会已经开始背负沉重的养老包袱，养老问题已经成为当今中国社会治理面临的最突出、最重大的民生问题，亟待化解。党的十九届四中全会进一步提出加快建设居家社区机构相协调、医养康养相结合的养老服务体系。在初入老龄化社会、老龄人口中60—69岁的“年轻老人”比例还相对较高时，为了更好地应对和解决社区公共服务中的养老问题，我们显然有必要加快创新步伐，努力运用智能化技术，全面提升养老服务的效率和品质。

智能化技术应用于养老服务，按照服务对象的不同可以分成两种类型：一种是为老年人直接提供服务的智能技术；另一种是辅助护理人员、社区义工，帮他们更好地开展养老服务、提高服务品质和效率的智能技术。二者在功能定位和界面设计上有所不同。为老年人直接提供服务的智能设备操作便捷，不追求功能的全面性，但需要把复杂的问题简单化，能够直接地满足老年人的某一项特定需求。而为养老工作人员服务的智能设备因为涉及为不同类型的老年人提供服务，在功能上就有更多的要求。同时，养老服务智能化还要求建立社区老年人口数据库，运用人工智能技术管理数据，摸索其中的一些规律，提前发现社区养老的潜在问题。针对老年人群体开发的一些智能化技术设备，如果这些设备运用得当，老年人自己就能解决一些问题，将大幅节省政府养老服务的开支。

（1）智能化养老设备

社会上流行的智能化养老设备主要是一些具备物联网功能的智能设备。这些设备内置传感器，可以迅速感知老年人的生命体征、所处位置、运动状态，并针对一些突发状况做出应急响应。比如，当老年人摔倒时，智能设备会立即通知医护人员或亲属，使老年人可以及时得到救助；当老年人饮食不节制、生活不规律时，智能设备会第一时间将老年人的身体状况报告给医院；当老年人外出散步时，佩戴智能手环可以防止他们迷路或走失。

目前，市面上出售的防老人走失的手环款式非常多，价格也各不相同，但其基本工作原理都是利用GPS或者北斗卫星导航系统对老年人的具体位置进行监控。子女可以事先帮老年人设定一个活动范围，一旦老年人离开了设定区域，手环就会自动将地理位置传送到子女或者社区工作者的手机上，这样他们就能在第一时间采取应对措施。不同类型的防走失手环还具备其他一些辅助功能，比如老年人跌倒报警、血压血脂监测、生命体征监测等。上海一家公司研发的智慧养老卡是一款主要用于老年人定位和联络的智能设备。它的最大特点是集多种功能于一身，并且做到了操作简单、方便耐用。该卡有四个功能键，分别是选择定位、亲属直连一、亲属直连二和呼叫平台。亲属直连是指将家属的电话号码输入卡片中，老年人在遇到紧急情况时就可以一键直呼家人，免去翻阅手机打电话的麻烦。呼叫平台是一个智能化的人工服务平台，老年人有任何需求时，只要按下此键并说出自己的需求，人工服务平台就会迅速接收到老年人的信息，并联系相关单位加以处置。如果卡片在使用过程中出现异常，平台还可以在第一时间收到报警信息，对老年人进行反向呼叫，防止老年人发生意外。该卡除了定位功能和联络功能外，还可以作为支付卡、门禁卡使用。

最为特别的是，它还是老年人的一张“智能身份证”。比如，老年人在测量血压前，可以在一些附带刷卡功能的血压仪上刷卡之后再测量血压，血压数据就会通过网络上传至医疗机构的数据平台，这就免去了老年人每次体检时重复输入身份信息的麻烦。随着智能身份证、电子身份证的普及以及各类刷卡、“刷脸”等识别设备的全方位应用，这些功能将会被更加强大的设备所整合，未来需要随身携带的设备将越来越少，享受的服务会越来越多，也越来越智能化。

对于很多独居老人来说，防火、防燃气泄漏是他们需要重点关注的问题。因此，智能化烟雾探测器、燃气泄漏报警器是很多老年人的必备家庭设备。当房间内出现着火点或者燃气泄漏时，这些设备会自动将警情报告给智能化管理平台，平台会迅速将着火点或燃气泄漏点通报给所在区域的相关责任人，由他们做出进一步的响应处置，甚至在危急关头可以通过这些设备的自动反应来切断电路或关闭燃气供应。智能化烟感、气感装置主要运用了“感应信息—存储数据—计算分析—响应处置”的闭环运行机制，这也是绝大多数智能设备共同的运行机制。

以上智能化养老设备主要是为保护老年人的安全、健康而设计的，但老年人的需求并不只是安全和健康，老年人在文化娱乐、体育、心理关爱等方面也有很多需求，智能化技术在这方面也可以发挥重要作用。比如，开发老年人用的智能化娱乐设备，这些设备上的文字、按键要有像“老人机”一样的设计，字体要大，按键要简洁，功能要直观。又比如对于老年人来说，学习使用电脑是一件难度较大的事情，电脑键盘不仅按键多、字体小，而且功能特别复杂，不易掌握。因此，围绕老年人的需求开发老年人用的键盘或者更智能的其他输入设备，或者开发一些老年人容易掌握的简化程序，提供一些娱乐视频音频节目供老年人欣赏，对于提升养老服务的品质也很有意义。此外，目前机器人技术已经发展到可以开发出一些机器化的小动物，或者是一些形象可爱的小机器人，这些设备既可以替代宠物陪伴老年人，又不需要特别的维护，也值得尝试。

总之，智能化技术在养老服务中可发挥作用的空间较大，需要广大养老服务工作者和智能化设备研发人员共同合作、不断创新，以期更好地挖掘养老服务需求与智能化技术之间的结合点。

（2）智能化养老新模式

社区养老问题的解决离不开家庭、社区、社会机构这三方主体，三方在此过程中扮演着不同的角色，拥有不同的资源。三方主体之间的关系以及各方资源的不同排列组合方式共同构成体现不同社区养老服务体制、机制的具体模式。在功能定位方面，家庭养老是主力，社区养老是补充，机构养老是托底，三者的侧重点不同，在功能上存在一定的互补关系。

家庭养老，即居家养老，是我国当前最为普遍的养老方式，也是大多数老年人最认可的方式。在这种方式中，子女直接照顾家庭中的老人，给他们最直接的关爱。不过，家庭养老往往存在日常照料不足、专业性不强等问题。这是因为子女毕竟需要工作，有自己的生活，可以陪伴老人的精力和时间都有限。再加上一些病患老人需要专业化的医疗护理设备辅助康复治疗，可能会给家庭带来沉重的经济负担。因此，一般来说，家庭养老需要社区和专业养老机构的帮助。

社区养老是指老人白天去社区老年人中心而晚上回家的一种养老方式。社区老年人中心大多配备有各种文化、娱乐设施和一些必要的医疗护理设备。老年人在这里不仅可以得到日间照料，还能获得一些精神慰藉。针对高龄、失能老人，社区一般还会提供家政、助餐等服务。但是当前的社区养老也存在一些问题，如社区养老专业人员匮乏、养老资源供给相对短缺等。

机构养老主要是指公立或私立的养老院、福利院等专业机构提供的养老服务。这些机构能为老年人提供饮食起居、生活护理、健康管理和文体娱乐活动等全方位、综合性的服务。机构养老针对的主要是空巢老人、失独老人、行动不便的老人或患有重大疾病的老人等群体，也包括一些经济相对比较宽裕，希望得到高品质养老服务的老年人。

智能化技术为政府探索新的养老服务模式提供了技术支撑。如人工智能和大数据分析，使得养老服务工作越来越智能化，从而让政府有条件更好地把握老年人的诉求，统筹各方资源，不断利用市场创新力量改进养老服务体验。但激烈的市场竞争也导致养老服务

智能化设备出现了品种繁多且互不兼容等问题，就像政府部门智能平台存在“信息壁垒”问题一样。这就需要政府站在顶层设计的高度规划养老服务市场的发展格局，统一制式，统一数据标准，通过招投标的方式确定合作厂商，切实将所有智能化养老设备纳入社会治理智能化这张“大网”中。也就是说，政府一方面需要继续完善家庭、社区、机构三方互动的养老服务模式；另一方面也需要完善养老服务产品的市场运行机制，并且让二者有机融合，以期探索出一条智能化赋能社区养老服务的新模式。

值得一提的是，社区内还有一类服务与养老服务非常类似，那就是托幼服务。婴幼儿、学龄前儿童与老年人群体有一个非常相似的特点，那就是他们在照顾自己方面需要他人的帮助。所以，在托幼服务智能化上，很多方面都可以参考养老服务智能化设备的设计方案。只是需要注意的是，由于婴幼儿的心智比老年人更加不成熟，因此，带按键的设备一般都不太适用。同时，感应式、被动式的设备更适合婴幼儿托育服务而不适合学龄前儿童托幼服务。

3.“互联网+医疗”的医护服务

相信很多人都有过“挤医院”的经历，挂号、排队、诊断、做各项检查、等结果……每一个流程都需要花费很长时间，看一次病，一个上午甚至一天就没了。由于一些社区医院没有检查设备，没有足够多、足够好的医生，人们看病和做检查就不得不去大医院，不管大病小病都选择去大医院治疗，这就造成了大医院“人满为患”、社区医院“门可罗雀”的尴尬局面。这种尴尬局面的形成从一个侧面反映出我国医疗资源的分配存在不均衡的问题，一方面是大医院人力、物力严重透支，另一方面是小医院资源的闲置和浪费，无法充分满足广大患者的医疗需求。

在国外一些地方，家庭医生是居民基本医疗体系的一个重要组成部分。社区居民生病首先是让家庭医生做初步诊断和治疗，只有重病或者疑难杂症才会转移到大医院或者专科医院。而中国的医疗体系里以前没有家庭医生这个概念，社区医院又因为知名度低或者医疗条件相对较差，很多居民不愿意去。要解决这个问题，除了必须深化医疗体制改革、平衡医疗资源分布外，也可以运用智能化技术来帮助社区居民获取基本的医疗服务，打破医疗服务的时空限制，提高医疗资源的利用效率。

（1）“远程医疗”实现医疗服务

“远程门诊”解决了大医院和基层医院之间优秀医生资源分布不均的问题。很多地方为了让“远程门诊”更好地发挥功效，利用互联网的“秒传”功能，研发出了功能更为强大的“医疗云平台”。比如，上海复旦大学附属浦东医院研发的“云病理”就是这样一个病理诊断平台。虽然在社区里没有病理检查设备和诊断人员，但病人可以通过“云病理”平台的协助，预约大医院的病理检查。检查结果和病理诊断报告也无需长时间等待，很快就可以出来。利用数字化切片扫描传输调阅系统，病灶病理切片的光学图像能够转化成可传输的高清数据，通过远程接收系统传递给相关病理专家，而病理专家也可在第一时间内将诊断结果传输给临床医生，从而指导临床治疗。利用该平台还可以实现多位医生同时阅片和异地探讨，有效解决病理诊断资源不足的问题。

对于疑难杂症，“云病理”平台可以通过平台背后强大的“复旦专家库”的协助，在最短时间内提供最专业的病理分析，从而争取治疗时机。目前，该平台已将患者、医生、医院有效地连接起来，基本实现了居民足不出户就能够获得门诊服务。不同医院的医生也可以借助“云病理”平台获得学习、进修的机会。这既提升了基层医院的医疗水平，也推动了区域分级诊疗模式的进一步完善。

此外，“云病理”平台还能够为浦东之外的医院提供病理诊断支持，在医疗领域内开展“精准扶贫”。目前，复旦大学附属浦东医院已对口陕西省华阴市人民医院、云南省文山市人民医院、新疆维吾尔自治区莎车县人民医院等地市级医院，建立起多个“云病理分中心”，实现了远程专家讨论和病理会诊。凭借“云病理”平台，复旦大学附属浦东医院还能为这些医院提供病理基础知识、临床病理技术和诊断技能培训，定期开展疑难病理读片会，帮助各家医院提升病理诊断水平。

了解复旦大学附属浦东医院“云病理”平台案例可以让我们对“远程医疗”有更为直观的认识。通过远程医疗会诊平台，大医院专家可在线上对常见病、慢性病进行诊疗，病人不需要到大医院就可以获得大医院的专业化诊疗，而且还可以享受更高的医保报销比例，省时省力又省钱。本地医生通过参与远程门诊，可以快速提升专业能力，进而提升当地医院的竞争力。同时，合作会诊也有利于学科建设和基层医疗事业发展，有助于实现病人、医生、服务“三个下沉”。此外，通过云端部署，大医院专家给出适应当地医疗条件的诊疗方案，由基层医生负责具体实施，这可以极大地减轻大医院的就诊压力，提高医疗质量，便于患者就近就医，从而推动分级诊疗改革的有效落地。目前，远程医疗正日益成为一个多方共赢、多方受益的诊疗模式。

未来，随着5G技术和远程医疗设备的进一步发展，远程手术也可望变成现实。而人工智能和机器人技术的发展，甚至有望在更远的未来以机械臂和传感器替代外科医生，根据一定的程序来做手术，规避因外科医生身体状况不佳而导致的手术事故风险。2020年新冠肺炎疫情发生期间，“远程医疗”的广泛应用让我们对它有了更深的认识。

（2）“网约护理”实现护理服务

随着智能化技术在医护行业的深入应用，未来的护理工作也可以通过网上预约来实施。“网约护理”服务是互联网信息技术与医疗护理行业深度融合的产物。这一服务的兴起将在一定程度上缓解行动不便患者和失能、半失能老人的居家护理压力。不过，为了对患者负责，提高护理服务的规范性，护理机构在提供服务前需要对服务对象的具体疾病状况展开评估，评估后如果认为适合居家护理的，才会派出护士提供上门服务。因为有些疾病根本不适合居家护理，如传染病、精神病等，只能接受医院的专业治疗。同时，护士在执业过程中也必须严格遵守有关法律法规、职业道德规范和技术操作标准，规范服务行为，切实保障护理服务的质量和安全。服务过程应当全程留痕，做到服务步骤可查询、可追溯，以满足行业监管的需求。

（3）“互联网+医疗”系统的完善

“互联网+医疗”模式提高了大医院优质医疗资源的利用效率，使社区居民足不出户就可以享受一定程度的诊疗和护理服务，大大节省了患者的就医时间，提高了社区医院的资源利用率和医生的专业能力。但这种医疗模式目前还处于试点阶段，还有很多细节有待进一步完善。像上海这样的超大城市，虽然鼓励专业化的养老、医疗机构将日常医疗护理服务送到社区，送到居民家门口，但执行起来并没有想象中的那么简单。因为医院是医疗护理服务的核心提供者，它有一整套相对成熟的医疗安全管理责任机制，但在患者家庭这个环境中，这套安全管理机制并不存在，不但没有IP（Internet Protocol，因特网协议）视频监控系统的监管，而且很多突发情况可能超出居家医疗能够处理的范围，因此，居家医疗中医疗事故发生的概率相对较高。而且，近几年来医患矛盾十分突出，医护人员自身的生命财产安全有时都难以保证，这就大大影响了社区居家医疗服务品质和效率的提升。

如何在上门服务中保障患者的利益和医护人员的安全，针对这一问题，《“互联网+护理服务”试点工作方案》要求试点地区政府部门和医疗机构要总结部分地方前期探索开展“网约护理”服务的经验教训，并借鉴“互联网+其他行业”的风险防范和安全管理措施，有效防范和应对风险。具体措施包括：要求服务对象上传身份证明、病历、家庭签约协议等资料进行验证；对提供“网约护理”服务的护士资质、服务范围和项目内容提出要求；医疗服务智能化平台可以购买或通过行政手段整合资源的方式共享公安系统个人身份信息系统，或运用人脸识别等技术进行身份确认；试点医疗机构或医疗服务智能化平台应当为医护人员提供手机App定位追踪系统，配置医护工作记录仪，使服务行为全程留痕可追溯，配备一键报警装置，为医护人员购买责任险、医疗意外险和人身意外险等，以切实保障护士人身安全和执业安全。同时，还要建立医疗纠纷调解和风险防范机制，制定应急处置预案，畅通投诉、评议渠道，接受社会监督，以切实维护群众的健康权益。

对于社区医疗机构来说，应该对标医院的医护安全措施建立基本的医护安全监管机制，在居民区创造符合一定标准的医护监管环境。比如，当护理人员进入社区后，需要在居委会或社区服务站进行来访登记，由居委会或社区服务站安排工作人员或志愿者、保安等陪同护理人员进入服务对象家中开展护理服务。在服务过程中，陪同人员可以对护理人员的操作流程进行录像并加以备份，做好相应的记录。待服务工作完成后，再由陪同人员护送护理人员离开。当然，这种方法略显笨拙，在医疗记录仪等专业化的智能设备普及之前，可以作为一种临时性的替代方案，以保障社区“网约护理”服务的正常开展。

此外，政府还可以考虑将“互联网+护理服务”与个别地区推出的“长期护理保险服务”（以下简称“长护险服务”）结合起来。“长护险服务”包含养老机构和社区居家两种护理场景，不同地区有不同的报销比例。以首提“居家养老”概念并推行了近20年的上海为例，养老机构与社区居家护理的保险报销比例分别为85%和90%，体现出上海对社区居家护理服务有一定的政策倾斜。“长护险服务”总共有42项内容，包括27项基本生活照料服务和15项常用临床护理服务。“长护险服务”的实施主体主要是社会养老机构，有资格提供长期护理服务的人员包括养老护理员、养老护理员（医疗照护）、执业护士等，其中护士是单位时间收费最高的护理人员。事实上，“长护险服务”在上海试点之初，就有不少人希望这一“医疗专业导向”制度能够通过引进护士群体，推动现有养老护理服务体系的升级。

如今，随着“互联网+护理服务”试点工作的开展，将“长护险服务”的机构范围扩展至提供医疗服务的大型医院，将老年人常患的一些疾病的诊疗费用纳入报销范围，必将使得老年人的经济负担得到有效减轻，进而提升养老和医疗服务的体验。与此同时，从扩大受惠群体、提升人民群众的福利水平来考虑，也可以鼓励一些保险公司将“重疾险”和“健康险”纳入政府的医疗服务统一规划

之中。

4.社区公共交通服务智能化

出行是人们日常生活中的一个基本需求。长久以来，社区居民的出行需求主要体现在两个方面：一个是安全，另一个是方便。交通安全主要涉及交通管理，它也是社区公共安全的一个重要组成部分，而社区居民对交通方便的要求则有赖于社区的一些公共服务来满足，如公交系统服务、智慧单车服务、停车场服务等。智能化技术既能用于交通管理，具有协助维持正常交通秩序以保护行人与行驶车辆安全的功能，又能在提供方便快捷的交通服务方面发挥作用。“停车难”问题虽然目前还没有可以根治的方法，但是运用智能化技术能够在一定程度上缓解这个难题，提高停车场、停车位的利用效率。

（1）建立完善的社区公共交通智能化体系

社区公共交通系统除了包括公交车、轨道交通外，出租车、网约车和共享单车也是该系统的重要组成部分。目前，出租车、网约车、共享单车等交通工具已经有了功能强大的智能化管理网络，下一步要解决的问题就是如何将这些网络更好地整合在一起，实现公共交通资源的全覆盖和均衡调配。比如，上海浦东新区就依托物联网、云计算等技术，在智慧城市建设框架下，积极推进居民智慧出行项目建设，打造出了更加环保便捷、安全高效、可视可干预和可预测的交通服务体系：通过在综合交通信息管理平台上嫁接包括公交地理信息系统和公交智能调度管理系统两个子系统的“智慧公交”项目，逐步构建起立体、互动的城市公共交通管理系统。目前，浦东新区已将区内3000多辆公交车纳入该智能调度系统，建成了300多个太阳能智能公交站或公交牌，市民可以在公交站牌上查看公交车的到站信息。

浦东新区智慧公交的特色主要体现在“数据采集、综合调度（管理）、市民感知”等方面。通过GPS、RFID（射频识别技术）、GPRS（通用无线分组业务）等定位和数据传输系统，对公交车数据进行实时采集和传输，实现了以智能平台为核心的公交车辆远程调度机制，为社区居民出行提供了便利、精准的智能化服务，为公共交通运营指挥、应急处置、风险防范提供了可视化依据。

（2）“停车难”问题的智能化解决途径

“停车难”是近十年来困扰我国各大城市的一大交通难题。随着社会经济的发展和人们消费水平的提升，我国汽车消费量和保有量不断创下新高。“停车难”问题的根治需要增加土地资源，这对于寸土寸金的大城市城区来说显然是很难做到的，而停车场数量的增加又会刺激城市居民消费更多的车辆，从而让“停车难”问题雪上加霜。因此，就目前来说，“停车难”问题只能通过一些技术手段加以缓解。在这方面，上海浦东新区利用智能化技术缓解“停车难”问题的经验比较成熟，具有一定的推广价值。

5.教育、文体和商超服务智能化

教育、就业、收入、社会保障和健康始终是民生问题的重点，而随着新时代社会主要矛盾的变化，当下人民群众对民生性公共服务的需求又进一步向子女教育、医疗卫生、住房保障和居家养老等方面转移，同时对供给的高品质、均衡性和充分性提出了新的要求。在党的十九大报告中，提高保障和改善民生水平已经成为加强和创新社会治理的重要内容。作为民生性的公共服务，教育和文化已经成为当下党和政府高度重视的公共服务课题。

（1）社区教育服务的智能化

教育是百年大计、立国之本。自中华人民共和国成立以来，我国普及了九年制义务教育，并且推广了高等教育，实行了大学扩招，培养出了一大批各行各业的精英，以及数以亿计的高素质劳动者，为我国科学技术的发展和社会生产力的提高做出了巨大贡献。我国的教育普及率还是比较高的，与此同时，也存在教育资源分布极不均衡的问题。国内优质教育资源集中分布在东部沿海地区，中西部分布较少，就连优质中小学教育资源也倾向于向大城市、地方行政中心汇聚，从而导致全国各地学生、家长为抢占优质教育资源而付出较大代价。像高价“学区房”这样的问题，都是教育资源分布不均带来的。然而，教育体制改革并非易事，对于教育资源分配不均问题可以从技术角度进行思考。因此，利用智能化技术开展远程教育，实现优质教育资源的网上分配，对于缓解这一问题以及促进教育机会分配的平等与公平就更有意义了。

我国现代远程教育的历史可以上溯到1998年9月教育部批准清华大学、湖南大学、浙江大学、北京邮电大学四所高校开展现代远程教育试点工作，迄今已有20余年的时间。从最开始将一些名校讲师的课程拍摄成视频资料，通过录像带、光碟等介质进行传输，到后来网络课程逐渐在线化，学生可以通过在线系统听课，并且完成一定的课堂作业，与老师在网上互动。如今，除了没有实际的教室外，远程教育和学校课堂教育的差异已经变得非常小，而且远程在线教育在信息共享、多媒体互动、课后复习回看等方面具有较大优势，有望取代课堂教育的部分功能。

对于社区来说，教育服务一方面体现为社区内教育资源的分配与管理，另一方面体现为引进社区外的教育资源。因此，社区教育服务的智能化平台建设重点在于整合社区内外的教育资源，汇集居民的教育需求，针对这些需求为居民提供“点对点”的精细化教育服务。目前，上海浦东新区已经在社区教育服务智能化方面积累了一些实践经验，值得借鉴的主要有两个方面。

第一，推进义务教育阶段各学校“智慧校园”建设，探索“互联网+教育”新模式。通过整合辖区内各方教育资源，推进“智慧校园”建设与应用，加强信息技术在教学、教研、管理、家校互动中的创新应用。在中小学校开展“电子书包”试点工作，普及以智能终端为载体的“一机通”式教学管理以及学生的生活管理，包括小额支付、生活费信息查询等信息化服务与应用。

第二，普及开放、融合、互动、无处不在的互联网思维，提升居民人文素养。构建和推广终身教育服务平台，积极推动以电视、手机、互联网等为载体的远程开放终身教育服务平台建设，满足多样化的学习需求。加快推动科普信息化，鼓励科研院所、社会企业提供科普资源共享服务，集成国内外现有科普图书、音像制品等资源，并进行数字化开发，提升科学技术知识的传播速度和普及率。

2020年新冠肺炎疫情期间，不少学校基本上都通过网络授课，让我们再次感受到了教育培训智能化的重要作用。

（2）文化体育服务的智能化

作为社区公共服务的重要内容，文化、体育服务主要体现为保障社区居民的基本文体活动，同时引导他们了解和参与这些活动。其间，智能化技术同样有着不容小觑的应用价值。比如，将社区内的运动设施纳入数字化管理范围，诸如篮球场、羽毛球场之类，都可以通过App预订，甚至也可以提供一些运动器材的在线租赁业务。同时，社区也可以通过微信公众号联系居民，组织一些文体活动，通过提供互动交流机会、发放奖品等，提升居民参与文体活动的热情，增进睦邻友好关系。还可以通过遍布区域内的各大显示屏、微信公众号等平台发布文体活动信息，比如演唱会、展览、球赛等门票信息，促进文体信息的传播。

此外，VR（Virtual Reality，虚拟现实）、AR（Augmented Reality，增强现实）技术也可以为社区文体活动增添新的形式，有助于吸引更多少年儿童的注意力，丰富社区文体活动的内容。比如，上海浦东新区的市民“文化云”建设就充分利用了VR、AR等技术，通过丰富各种展览馆、纪念馆等文化场馆的表现形式，取得了良好的传播效果。同时，浦东新区还通过加强公益性文化基础设施建设，提升了浦东新区网络电视制播平台的制作水平，加快了优秀文化作品的生产以及数字化、网络化传播。又通过提升浦东公共图书馆的服务水平，以浦东新区图书馆为依托，建设了一批网上图书馆和社区24小时自助图书馆，形成了规模适当、布局合理、贴近居民的新型图书馆服务体系。更值得称道的是，浦东新区还探索建立起了一套公共文化交流与服务机制，整合区域内各种文化资源，通过互联网建立起面向国际的文化交流渠道，从而扩大了浦东新区优秀文化的影响力。

（3）社区商超服务的智能化

所谓商超，其实就是商场超市，尤其是大型商场超市。商超服务本质上就是与衣食住行直接相关的生活必需品供应服务。对于社区来说，商超服务是一种比较特殊的服务。提供商超内各类商品的是广大商家，他们是以盈利为目的来提供产品和服务的，从这一点来看，商超服务不能划入公共服务的范畴，而属于私人服务或市场服务的范畴。但是，从另一个角度看，衣、食等基本需求是维持人们基本生存条件的核心需求，所以，商超服务又具有一些公共服务的性质。在计划经济体制时代，很多商品因为十分匮乏，供销社、国营商店在供应上实行配给制，在这种情况下，商超服务的公共服务属性非常突出，而在当今商品供应非常丰富的情况下，商超服务的公共服务属性就不太明显了。

社区公共服务是一个覆盖面较广、内涵较为丰富的概念。而社区公共服务体系的构建也是一项涉及基层政权建设、政府职能转变、城市治理体系现代化、公民权利保障等诸多层面的系统工程。

二、社区治理智能化与社区公共安全

安全通常指的是没有危险和损失、不受威胁和侵害、不发生灾祸和事故、不存在危害和隐患的状态。在英文中，安全一词有两个概念：一是“security”，指的是人与人关系中的安全，主要包括国家安全（national security）、公共安全（public security，国内通常译为社会治安或社会公共安全）和社会安全（social security，国内译为社会保障）三个方面；二是“safety”，指的是人与自然、人与物、人与技术关系中的安全，其对立面是风险、灾祸和危机，对应着公共安全治理的三个方面，即风险治理、应急治理和危机治理。实际上，更准确地说，安全应该是免除了不可接受的损害风险的状态。因为完全的和理想的安全状态实际上是不存在的，只要“损害风险”因素在可控范围内，就可以认为安全主体所处的状态是安全的。

安全需求是人类最基本的需求之一，可以说是生理需求的延伸。而趋利避害也正是人类与其他所有动物共有的本能。马斯洛需

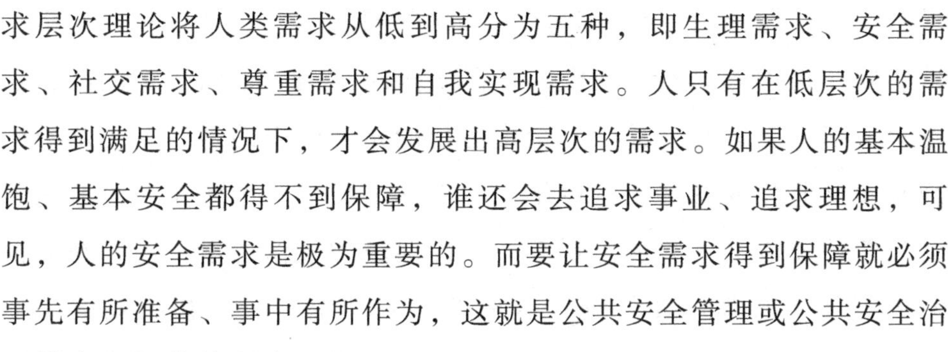

求层次理论将人类需求从低到高分为五种，即生理需求、安全需求、社交需求、尊重需求和自我实现需求。人只有在低层次的需求得到满足的情况下，才会发展出高层次的需求。如果人的基本温饱、基本安全都得不到保障，谁还会去追求事业、追求理想，可见，人的安全需求是极为重要的。而要让安全需求得到保障就必须事先有所准备、事中有所作为，这就是公共安全管理或公共安全治理的意义和价值所在。

1.社区治理智能化与社区公共安全的关系

在理论上，公共安全是一个复合概念，由“公共”和“安全”两个概念共同构成，实际上指的是公众安全，也就是以公众为主体的安全，与国家安全、家庭安全、个人安全等概念相对应。公共安全问题按成因可粗略分为自然灾害和人为事故两大类。自然灾害包括火山、地震、泥石流、洪水等；人为事故包括政治、经济、军事、信息、意识形态等方面的安全问题。随着人类社会的不断发展，公共安全的外延也在不断扩大。党的十九届四中全会关于社会治理的表述分为五个方面，其中三个方面是社会治安、公共安全和国家安全。所谓社会治安，其实也是公共安全，而国家安全与公共安全则是整体与部分的关系。

对于社区来说，公共安全问题具体体现在治安防控、交通、消防、居住、食品药品以及安全生产等方面。这些安全问题既涉及政府公共管理，又涉及公共服务。比如消防问题，消防队员既要承担社区内火警的处置，又要负责日常巡查各单位的消防措施是否合规，前者是一种公共服务，而后者则属于公共管理的范畴，这使得它既带有一定的强制性色彩，又具有很强的普惠性特征。

从目前来看，社区公共安全智能化主要体现在社区物联网的建设上，旨在构建由一系列物联网设备共同组成，包括各种摄像头、传感器、自动灭火器等在内的社区安全防护网。这张防护网的特点是全覆盖、反应快。其中，全覆盖指的是社区内的每一个角落都必须有安全监控或安全处置设施，不能留下任何一个死角。只有做到无死角的覆盖，才能解放现有社区内巡逻的安保力量，使其在监控室中就能实时掌握和处理社区内的突发情况。反应快，指的是通过智能化的监控系统，第一时间就能够发现异常情况，同时向一些自动化的防护装置发出指令，如电动闸门、喷淋系统、智能无人机等，当社区内发生火灾或盗抢事件时，这些自动化的防护装置或是自动灭火，或是自动拦截犯罪嫌疑人，以最快的速度进行处置。

目前大数据技术在社区公共安全领域中发挥的主要是数据存储的功能。除了视频、音频数据外，大数据技术还要汇集社区内的温度、湿度、风速和易燃物分布情况，各类门禁系统收集到的指纹、人脸、车牌等信息，电路、燃气等管线的运行状态，烟雾、气味、声光等异常现象，以及广大居民对社区公共安全的反馈意见等。随着物联网技术的发展，传感器、监控设备的功能变得越来越强大，未来将能够轻而易举地收集到以前无法收集的数据信息，使得社区公共安全系统实时监控的内容越来越丰富，使得社区管理人员对社区公共安全整体情况的掌握越来越全面，对公共安全问题的处理越来越细致，越来越具有针对性。

人工智能技术在这里也同样能够发挥其数据分析和智能决策等优势。通过分析社区公共安全的各项数据，可以在一定程度上把握社区日常运行的规律，发现安全漏洞，并且辅助社区工作者逐一填补这些漏洞。同时，在智能决策和统筹指挥方面，人工智能技术也有较大的应用空间，如用于消防、治安的智能指挥平台，将报警信

息系统与指挥系统融为一体，能够实现在发生警情时迅速组织人员进行处置。此外，一些无人机、机器人等智能设备也可以运用人工智能技术的成果来强化其智能决策和统筹指挥功能。

2.社区治安管理工作智能化

治安指的是社会公共秩序的安定。从广义上说，它既指社会运行安定有序的状态，也指为维护这种安定有序状态而采取的一系列行动。狭义的治安特指公安机关针对社区内的暴力、违法犯罪问题采取的行政管制或管理行为。社区治安管理需要治理的对象很多，既包括杀人、抢劫、盗窃、伤害、诈骗等刑事犯罪行为，也包括打架斗殴、寻衅滋事、赌博嫖娼等违反社会治安管理条例的行为。归纳起来，社区治安管理的主要任务有三个方面：一是保护社区内所有成员的生命财产以及公共设施安全；二是维持正常的生产生活秩序；三是引导居民养成健康的生活习惯，推动社区形成良好的社会风气。此外，信息安全、网络安全等非常规领域的安全问题也是社区公共安全需要重视的内容。

智能化技术为社区治安管理提供了精细化手段，尤其是社区物联网监控系统的作用最为明显。比如，近几年全国各地开展的“天网工程”建设，就是运用物联网技术搭建的一整套用于社区治安管理的视频监控系统。“天网工程”主要由GIS地图、图像采集、传输、显示和控制等设备组成，其功能是对城市内的固定区域进行实时监控和信息记录。“天网工程”的监控设备主要安装在交通要道、治安卡口、公共聚集场所、酒店、学校、医院以及其他一些治安情况复杂的场所，利用视频专网、互联网、移动通信网络，把一定区域内所有视频监控点拍摄的图像传播到监控中心（即“天网工程”管理平台），由监控中心对刑事案件、治安案件、交通违章、城管违章等图像信息加以分类，可以为强化城市综合管理、预防打击犯罪和处理突发性治安灾害事故提供可靠的影像资料。

随着“天网工程”建设的深入，我国大城市的各个角落已经基本实现安全监控摄像头全覆盖，未来可继续提升的空间有限。因此，利用智能化技术对已有监控系统进行改造升级，提高其自动化、智能化程度，将是未来社区治安智能化工作的一个重点。

3.社区消防安全工作智能化

消防是灭火和防火的统称。其具体工作包括消防监督、设置消防安全标志和组织扑灭发生的火灾。消防监督由公安机关实施，遵照政府的有关规定，对各部门、各单位和城乡居民消防安全工作的完备程度以及消防器材的规格和质量进行检查和监督。对于社区来说，消防安全工作还包括祛除毒害昆虫、毒蛇、猛兽以及解救被困人员等。此外，做好火灾事故调查统计、发现火险发展趋势、做好防火教育等也是社区消防安全工作的内容。

社区消防安全智能化同样也得依靠社区物联网系统，形成社区消防智能化网络。消防系统的物联网设备主要包括温度探测器、烟雾报警器、漏电探测器和天然气泄漏报警器等，还包括一些自动灭火设备。对于商业区等公共场所来说，消防物联网的布设总是力求无死角，但是对于居住区来说，物联网设备目前还难以进入普通家庭。随着高层住宅的普及，住宅楼不再单纯属于“私人空间”，下一层楼失火将直接影响上一层楼的安全。因此，在居民家庭内部安装一定的防火物联网设备可能会是未来商品房建设的一个强制性标准。

除了消防监控网的布置、消防力量的调度、消防信息的分析与预测之外，社区消防智能化还可以应用于消防安全知识的普及教育

以及面向公众开展的消防演练。比如VR技术，不但可以在安全的情况下模仿火场的环境，帮助人们做好火灾逃生的准备，还可以帮助消防官兵加强日常训练和考核。此外，消防设备设施的质量监管也可以在网上进行，通过简单的二维码识别就可以追踪到消防设备的出厂批次、保存状态等，提高消防监督工作的效率。治安和消防是社区公共安全管理与服务中最大的两个问题，更容易引起人们的高度重视。

4.社区交通安全出行智能化

社区交通安全的智能化主要包括运用一系列智能化手段加强交通指挥、疏导交通秩序、勘察交通事故等。未来，人工智能和自动驾驶技术有望大幅改变交通管理与交通安全的面貌。届时，人们出行也许不再需要靠交通信号灯来指挥，一切指挥和疏导工作都可以交由城市交通管理中心的计算机完成。交通管理的本质目的就是保障交通安全，除了处置交通事故、疏导交通堵塞外，交通监控系统也能够发挥督促作用，督促人们自觉遵守交通规则。比如，一些交通要道的电子显示屏，会把违章车辆的车牌或乱穿马路的行人信息加以公示，在曝光违法车辆与行人的同时，也提醒他人注意遵守交通规则。当然，在充分重视交通管理的同时，还要高度重视运输管理，因为交通管理针对的只是“在路上”的状态，而运输管理针对的是客货运输服务的全过程，连接着交通枢纽与客货运输客户，同时又与交通管理的“在路上”状态有交集。而且，从源头治理的角度出发，种种交通问题，其根源并不一定“在路上”，所以只针对“在路上”的状态是很难从根本上改进治理和提升效果的。

除了为交通服务外，城市交通监控系统也是城市“天网工程”的一部分，可以用于发现犯罪嫌疑人的踪迹，帮助警方迅速破案。

而在城市综合治理方面，城市交通监控系统也可以发挥作用。比如渣土车治理，就会用到交通监控系统的部分功能。除了监控系统外，城市交通指挥还需要大量依赖人工智能技术，形成交通资源智能调度系统。比如，滴滴不仅将出租车的调度管理纳入自身的系统之中，还把过去的“黑车”悉数收编，形成性价比高、规范运营的网约车链条，在为人们提供新的出行选择的同时，也提升了人们的出行体验。除此之外，遍布全国各大城市大街小巷的共享单车也是互联网科技公司的发明成果。共享单车以其使用方便、价格低廉等优势，迅速抢占了社区居民从地铁站到小区“最后一公里”市场，为促进社区居民选择低碳出行方式、减少路面汽车数量发挥了巨大作用。

5.食品药品安全监管智能化

食品药品安全问题一直都是社区居民最关心、最直接、最现实的利益问题之一。公共食品药品卫生安全事件往往会受到全社会的关注，很容易引起公众恐慌，严重时甚至会酿成群体性事件，从而给政府的形象带来负面影响。智能化技术在食品药品监督管理方面可以发挥巨大的作用。除了方便食品药品监督管理人员进行日常监管之外，监管信息向社会公开，让公众随时随地可查询食品药品的出厂信息、成分明细，追踪物流渠道，也是保护社会公众知情权、树立公众对食品药品安全信心的重要手段。

智能化技术应用于食品药品安全监管，除了在食品药品生产线上安装一系列智能化监控设备外，也可以利用二维码和大数据技术建立食品药品冷链运输、保存、上架等一系列物流过程的监控体系，明确食品药品流通环节的安全责任。通过大数据技术，每一组数据都能得到很好的管理，可以进行事后追溯，形成一个科学有效

的追责问责机制，使安全责任真正落到实处。

可见，严密的智能化监控系统既能够保障社会公众的安全和知情权，也有助于事件真相的调查，斩断谣言滋生和传播的渠道，维护社会的稳定与政府的形象。

6.社区安全生产管理智能化

从食品药品监督管理的智能化过程可以看出，智能化技术不仅可以在食品药品的流通领域发挥巨大作用，在其他产品的安全生产领域也一样可以发挥巨大作用。比如，像矿山、化工厂、钢铁厂这样的重工业企业，按理都有保障安全生产的技术措施和制度规范，但一般来说仅限于工厂内部。而智能化技术则能够将工厂内的安全系统与工厂外的监管系统连接起来，使整个工业园区的安全网络连成一个整体，甚至融入整个城市的安全管理智能化系统。

比如，安全生产一般要求对生产设备、作业流水线的运行状态进行严密监控，还要对工人的安全防护设施设备进行检查，监督他们按照规范的生产流程操作，并对原材料和待废料进行管理。这些工作一般是由厂方自主进行的，监管部门只负责抽查或在接到举报的情况下进行突击检查。而运用智能化技术后，则可以通过将厂内的生产安全监控系统与厂外的监管系统相对接，利用人工智能技术监控诸如高炉温度、蒸汽压力等关键数据，一旦发生突破警戒线的情况，监管部门立即就可以通知企业进行处理。又比如环保部门，可以通过对企业排污口的远程监控以及企业用电、能耗与货物吞吐量的比对，发现生产与排污的异常，及时查处企业污染环境的行为。

除了传统工业外，智能化技术在服务业的应用也越来越具有必要性和紧迫性。虽然服务业企业在安全生产方面的风险没有工业企业高，但在用电、用火、防盗以及数据安全方面存在不少隐患。因此，加强这方面的安全防护，尤其是配置一些智能化的安全防护设备，也应该尽快提到议事日程上来，以期站在世界级“服务型城市”这个高度上进一步改善服务业企业的安全生产状况，提升服务业综合服务能力，优化消费服务环境。

第五节 社区治理智能化建设的路径

作为信息化的高级阶段，智能化技术实际上是当今一大批最前沿、最尖端的信息技术的集合体。信息技术几乎可以说是一个包罗万象的概念。此前，国内曾有学者将与智慧城市建设密切相关的新一代信息技术归纳为六项，即物联网、云计算、移动互联网、大数据、空间信息技术和人工智能，并称之为“智慧城市的六大关键技术”。2019年，国家明确提出探索“区块链+”在民生领域的运用，推动区块链底层技术服务和新型智慧城市建设相结合，提升城市管理的智能化、精准化水平，探索利用区块链数据共享模式，实现政务数据跨部门、跨区域共同维护和利用，促进业务协同办理。这样一来，与智慧城市建设密切相关的关键技术就应该是“七大”而不是“六大”了。

其实，就社区治理智能化建设来说，最重要的还是要抓住这“七大”关键技术中的核心技术，因为从广义上说，与信息的产生、传递和处理相关的各种技术都属于信息技术范畴。这样一来导致信息技术的概念太过宽泛，很容易让人理不清头绪、抓不住重点，最终导致无所适从或无的放矢的结果。对于社区治理智能化来说，最关键的信息技术或智能化技术是物联网、大数据和人工智能。其中，物联网是大数据（由云计算提供数据存储和计算服务）的主要来源，而大数据则为人工智能提供数据支撑（云计算为人工智能提供算法支撑）。可以这样说，物联网是器，大数据是魂，人工智能是手段。物联网、大数据和人工智能这三大技术相互连接、共同作用，产生了智能化这一最终结果，它们是相辅相成、缺一不可的。

一、社区治理智能化建设的物联网技术

所谓物联网，是指“万物的互联网”，也就是基于传感技术的物物相联、人物相联和人人相联的信息实时共享网络。它能够将万事万物与网络连接，形成一个整体。这里的万事万物不仅包括我们通常所说的智能手机、平板电脑或智能汽车等偏应用端的设备，还包括更重要的各类传感器、探测器等数据采集和信息监控设备。它们与互联网相结合，形成了一张巨大的数据采集和传输网络，可以实现在任何时间、任何地点，人与人、人与计算机、计算机与智能设备以及其他智能设备之间的互联互通。物联网是传统互联网的一次大升级，它拓宽了互联网的应用领域，真正做到了物物相连、信息共享。

物联网技术从当初的“纸上谈兵”逐步转化为今天的一个个科技成果。与此同时，射频识别技术、传感技术等物联网技术也在不停地升级，未来的增长空间不可限量。

物联网的基本特征可以概括为整体感知和可靠传输两大部分。所谓整体感知就是指可以利用射频识别、二维码、智能传感器等信息采集设备，感知物体和环境的变化，从而产生一定量的信息。

而可靠传输则是指通过互联网或其他类型的网络，将信息及时、准确、安全地传递给接收方。因此，物联网建设主要包括两个方面的内容：一是各类传感、监控设备以及其他智能终端设备的建设，这些设备构成了物联网感知与处理外界信息的“神经元”；二是传输线路的铺设，传输线路也就是连接各类“神经元”使其进入中枢大脑的“神经网络”。这二者缺一不可，它们共同组成整个智能化系统的“神经网络”。

社区治理物联网的建设，目前主要体现为社区内的传感监控设备以及相关网络的建设，具体包括各种摄像头、传感器、门禁以及指纹识别、人脸识别、车牌识别等系统，还包括地磁、烟感、煤气泄漏报警器、独居老人体征状况监控器等。这些系统共同构成了保护社区居民生命、财产安全的基础设施。同时，提供公共产品和公共服务也需要一些信息采集设备，如社区智能终端、微信公众号、手持式执法仪等，它们也是构成整个社区物联网的重要设备，只不过与那些被动感知外界信息的传感器相比，它们更多的是依靠人工输入信息，在工作方式上要“主动”一些。在社区信息传输网建设的要求上，不论是有线网络还是无线网络都是一样的：一是要求有足够的带宽，可以满足大容量信息数据的传输需求，同时避免信号干扰，保证数据的质量；二是要求有安全的环境，让隐私信息得到充分保护，涉密通信线路要在物理上与一般线路有所区隔，建立好关键信息节点的网络防火墙，防止因黑客入侵而造成数据被泄露或篡改。

二、社区治理智能化建设的大数据思维

大数据，顾名思义就是超大规模的数据集，指的是大量的、不断增长的数据资源，并且需要人们采用新的模式才能处理，由此使不同主体具备更强的决策能力、洞察发现力和流程优化能力。

大数据的首要特征就是数据体量巨大。至于数据要积累到多大的量才算“大”或“巨大”，则没有很明确的规定，只是有一个大致的定性指标，那就是无法在一定的时间范围内用常规数据库软件工具进行捕捉、管理和处理，需要用到新的应用程序。新的应用程序跳脱出了人的常规思维，能够抓住数据背后隐藏的关联性，目前主要就是运用人工智能技术，按照一定的统计学方法来寻找其中的关系，并通过数据来证明这种关系。在这里，需要强调的是具备大数据意识和大数据思维的重要性，社区干部和社工必须充分重视用数据说话、运用数据分析问题的习惯的养成，因为这是在社区治理中用好大数据、最大限度地发挥大数据的作用和优势的必备主观条件。

大数据思维有三个要求，这就是需要全部数据样本而不是抽样、关注效率而不是精确度、关注相关性而不是因果关系。与此同时，大数据还有数据类型复杂、数据流转速度快和数据价值密度低的特征。就数据类型而言，一方面，大数据包括结构性数据、半结构性数据、非结构性数据；另一方面，除了传统的数据、文字、表格、图片以及音视频资料等形式外，它还包括一系列只有机器才能解读的电子信号、密码、识别码等。数据流转速度快同时意味着数据处理速度快，这也是大数据区别于传统数据挖掘的最显著特征。数据价值密度低是数据体量巨大的必然结果，因为价值密度高低与数据总量大小成反比，数据总量越大，无效冗余的数据就越多，所以，如何凭借强大的机器算法迅速完成数据的价值“提纯”，就成了目前大数据应用亟待突破的一个瓶颈。

在获取与传输数据方面，大数据的要求较高，一方面要尽可能全面地采集特定对象的各类数据，不能遗漏。除非拥有所有的数据，否则大数据不一定是最好的，一个有充分代表性的样本通常比一个大数据集更好。另一方面，数据的真实性与可靠性也要达到一定的标准，不能在数据采集过程中走样。此外，大数据还需要有容量足够大、安全可靠的存储设备作为支撑，因为数据信息必须附着在一定的物质载体上才能够保存，否则一旦断电很快就消失得无影无踪。所以，目前大数据应用的成本还是很高的。

具体到社区治理智能化，整个智能化平台产生的数据量也大得惊人。比如，社区安保系统每天24小时开机运行，期间不断产生的数据量就相当惊人。一套画质为1080P、内含16个监控探头的高清视频监控系统，每个监控探头每秒钟产生约4Mbps的数据，一整天运行下来，整个系统会产生大约66TB的数据。如果规定监控数据需保存15天，那么需要存储的数据量就是990TB，这对于一般的电脑硬盘来说已经是一个巨大的数字了。而这还只不过是一个普通的监控系统所产生的数据量，如果加上社区内的各类地磁、烟感、门禁识别等设备以及人们在智能终端上主动输入的数据，那就更是浩如烟海了。

为了全面掌握社区内的大数据，我们在建设社区智能平台时需要配套建设该平台的社区大数据中心，它就好比人的“脑细胞”，用来储存各种各样的数据资源，以供日后分析使用。社区大数据中心需要根据智能平台的需要来确定数据收集的门类、标准以及存储

单元的容量。因为建设大数据中心的目的就是为特定的智能平台服务，如果离开平台的需求，就可能收集大量的无关数据，从而造成资源的极大浪费。而各平台大数据的收集标准也要尽可能统一，没有统一的标准，不同平台之间的数据共享就难以实现。当然，统一的标准还需要由国家标准委员会等专业机构主持制定。同时，存储容量大小事先也要有规划，因为这涉及大数据中心的建设成本。有的平台需要长时间保存大量的数据，可能对存储容量的要求是无上限的，但也有像视频监控系统这样的平台，它的数据存在明确的保存期。虽然整个监控系统产生的数据量十分庞大，但因为有数据保存期，存储单元可以重复使用，所以对存储容量的要求是有限的，这种系统只要预算达标就能满足其存储需求。当然，确定大数据中心的建设成本还需要讨论其他问题，如通风、防火、防盗、防网络入侵等。

三、社区治理智能化建设的人工智能技术

人工智能是运用电子计算机模拟、延伸和扩展人类智力活动的一门应用学科。它是计算机科学的一个分支，试图通过研究人类智能的本质，生产出一种能以与人类智能极其相似的方式处理外部信息并做出反应的新的智能机器。人工智能的概念虽然在20世纪50年代就已经提出，但在这方面真正取得重大进展则是最近十多年的事情。人工智能与物联网、大数据的发展以及计算机运算能力的大幅提高密切相关。

从人类历史和知识发展的角度出发，智能可以简要地概括为管理、控制和减少不确定性的能力。智能有两大基石——计算和数

据。只有通过广义的计算，智能才能实现推理信息、提炼知识。只有凭借数据，智能才能观察获取信息，存储知识。二者相辅相成，缺一不可。如果脱离了人工智能，大数据带给我们的将不是机遇，而是挑战。没有人工智能的大数据是没有用的。目前，人工智能技术除了包括机器视觉、指纹识别、人脸识别、视网膜识别等一系列感知、识别技术外，还包括自动规划、智能搜索、定理证明、博弈、自动程序设计等高级智能化技术，甚至通过不断迭代的方式实现机器的自我学习和自我进化，进而实现人类生产生活的高度自动化。

人工智能技术的意义一部分在于通过研究机器智能来探索人的智能的本质，而更重要的意义则在于解放和发展社会生产力，尤其是与物联网、大数据相结合，对其中产生的海量数据进行处理，帮助人类找到数据背后所隐藏的规律。目前，物联网产生的大数据早已超越人类所能直接处理的范围，人们必须借助人工智能技术在统计、筛选上的优势，让数据实现自动筛选、自动分析，自动过滤出一个有一定价值的初步分析结果。这就使得人们有条件从枯燥繁杂的数据整理工作中解脱出来，从事更多有价值的活动。此外，通过人工智能技术，一些设备还可以在电子信号的驱动下按程序自动工作，这也会逐渐替代人的简单重复劳动。

在社区治理领域中，物联网和大数据系统产生并存储了海量的原始数据，必须经过人工智能的处理，才能减轻社区治理的工作压力，找到关键数据并形成解决方案。如社区治安视频监控系统，如果没有人脸识别功能，案件发生后就得依靠办案人员手工查找嫌疑人的线索，在海量的视频素材中寻找区区几分钟的信息，犹如大海捞针。而人脸识别技术的应用则可以大大提升警方办案的效率，在视频监控的范围之内，只要嫌疑人一出现，其五官特征就会与警方的数据库相匹配。一旦发现长相相符，就可以立刻向附近的警员发出信号。又比如城市管网系统的维护。过去，各类管网系统在城区地下纵横交错，要发现某一处具体问题，就不得不费时费力地沿线排查。如今可以通过在管网系统中设置传感器，形成监控数据，并用人工智能技术生成城市管网信息的数据地图，维修人员就能直观地找到问题发生的地点，从而迅速解决问题。

社区治理智能化所形成的智能平台虽然各不相同，但万变不离其宗，无非是对以物联网、大数据和人工智能为代表的新一代信息技术的综合运用，只不过在搭建不同的平台时各种技术占据的地位、发挥的作用有所不同而已。

社区治理智能化是一个有机的整体，它包括社区基层党建智能化，社区公共管理、公共服务、公共安全智能化，社区自治、共治智能化，社区宣传工作智能化等内容，这些具体领域的智能化又包括社区养老、医疗、文化、教育、交通、停车等更加具体的工作如何实现智能化的问题。逐一解决这些问题，就能从整体上实现社区治理智能化的建设目标。

第六章 社区治理中智慧社区与“公益银行”的助力创新

第一节 社区治理中“公益银行”的助力实践与创新

近年来，江苏省无锡市新吴区江溪街道奕淳社区坚持走群众治理路线，深入学习贯彻新时代中国特色社会主义思想，坚持问题导向、目标导向和结果导向，通过“公益银行”这一创新的实践形式加大力度提升社区自治能力建设水平，用实践经验回答了新时期人民群众参与社区治理创新的问题。

一、“公益银行”的项目背景

每天有86400秒，这些时间都储存在每个人的生命里。作为一名志愿者来说，如何让逝去的每一秒都发挥它的价值，是一个值得思考的问题。奕淳社区以时间为计量单位，以爱为承载容器，倡导“存储爱心、支取温情”，提出社区“公益银行”项目。银行给每位储户设立“公益存折”，存折上记录着为储户提供免费服务的时间、地点、内容、服务时长、积分等信息。社区将定期发布治安巡逻、教育、医疗保健、绿色环保、帮困慰问等公益活动，每次参加活动的志愿者都能获得积分。赚取的积分可用于兑换学习、生活用品及周边商铺优惠券，也将作为评选最美志愿者、优秀党员的参照标准。

“公益银行”致力于从加强学习教育、强化队伍管理和完善制度机制入手，为社区党员、群众志愿者搭建一个便捷、高效的志愿服务爱心平台，激发党员用实际行动践行为人民服务的宗旨同时，充分发挥党员在社区治理中的引领作用，以党员志愿服务实现社区治理新常态，从而全面提升城市基层治理水平和服务居民群众的能力，把城市基层党建标准化、规范化工作推向新高潮。

二、“公益银行”的实践方法

1.建立“实践+激励”运作模式

为发挥党建在基层工作中的引领作用，奕淳社区基于“公益银行”模式，搭建社区党员“奉献社区、服务居民”活动平台，建立健全社区志愿服务活动“付出、积累、回报”机制，切实提高志愿者服务实效。

一是切实加强领导。成立以社区党总支书记为组长、副书记为副组长、各志愿者服务队队长为组员的工作领导小组。领导小组下设办公室，其主要职责是定期与不定期地组织发动志愿服务活动，每半年进行一次志愿服务工作专题调研，收集活动开展情况，查找存在问题，发现典型、培育典型、宣传典型，向领导小组提出改进的意见建议。

二是切实规范管理。统一制作“公益银行”存折，用于记载党员参与奉献社区、服务居民活动的情况。银行对储户存折每月汇总登记1次，每季度将开展志愿服务活动情况向社区居民公告1次，让社区居民群众了解“储户”开展志愿服务活动的情况。

三是建立激励机制。为调动社区党员群众开展志愿服务活动的积极性，激励党员群众奉献社区、服务群众，建立优秀志愿者评比奖励制度和评定标准，授予社区志愿者证书并给予相应奖励。

2.建立“特色先锋队”

为了在学习宣讲、基层治理、志愿服务等方面发挥党员的示范引领作用，增强社区居民满意度，提升居民对社区的认同感、归属感，使社区发展呈现出蓬勃的生机和活力，社区党员形成了具有鲜明特色的“先锋队”，通过开展形式新颖、灵活多样、各具特色的共驻共建主题活动，提供优质服务，丰富文化生活，有效推动了社区各项工作的开展，密切了党员与群众的关系。

“橙色手环”弘扬助人为乐新风尚。开展爱心义卖、慈善捐献、结对走访等多项志愿活动，设置为民服务、政策宣传、扶贫帮闲、维稳调解等岗位，组织党员认领岗位并公示明责，方便群众联系，提供便捷服务，帮助居民在相互交往中以邻为伴，激发、凝聚和传播助人为乐的正能量。

“红色袖标”引领居民自治新热潮。社区党员、网格员等共同上门对群租房进行入户宣传，核查登记，在摸清底数的同时向租住人员宣讲相关法律法规及其利害，劝退群租人员，张贴整改告知书。围绕组织建设，在社区基层党组织和党员的积极引导与带动下，掀起扫黑除恶热潮，通过广泛发动群众，深挖彻查线索，为彻底铲除黑恶势力滋生土壤、提升群众幸福感和安全感提供坚强的组织保障。

“白色粉笔”搭建宣传教育新平台。为积极学习宣传新时代中国特色社会主义思想，以理论思想指导实践工作，充分发挥成员特长，开展以新思想、政策法规、红色事迹、国学礼仪、法律法规、健康养生等内容为主题的宣讲活动。

“绿色徽章”推进城市管理新进程。为深入理解和宣传“五大发展理念”，倡导爱绿护绿行为，先锋队的主要任务是宣传节能环保理念，倡导爱绿护绿行为，清除小区内小广告、绿化带白色垃圾，保护小区绿化环境，及时发现和劝阻“乱张贴”和破坏小区绿化的行为，开展垃圾分类宣传、城管精细化环境整治等活动8次。社区积极发挥党建引领作用，以“一个党员带动一个家庭，一个家庭影响一个单元”为目标，号召党员们带头树立“垃圾分类人人有责”的环保理念，向社区居民积极普及垃圾分类知识，引导大家从身边做起、从点滴做起。

“金色音符”丰富文娱活动新形式。更加全面地发展多样性社区，延续并升级社区传统，更广泛地吸引年轻群众，以中华民族传统节日（如元宵节、端午节、中秋节等）为契机，开展形式多样的文艺演出活动，通过多彩纷呈的方式向居民群众宣传党的十九大精神及党的各项方针政策等，带动更多的居民参与到社区事务中来。

“蓝色丝带”推动结对帮扶新高度。发挥社区党员、居民骨干自身优势和特长，为辖区居民提供广场便民服务。在节假日上门走访看望空巢老人、残疾人等困难群体并提供关爱服务，走访慰问困难党员、空巢老人，残疾人100余人次。结合主题党日活动，长期与空巢老人保持联系，及时关注他们的生活状况并给予帮助。

第二节 智慧社区建设与治理的融合创新路径

一、服务社区居民是智慧社区建设的出发点和落脚点

坚持需求导向，将更好地服务社区居民作为智慧社区建设的出发点和落脚点。当前我国正处于经济转型发展的重要阶段，居民对社区治理的需求在不断变化，智慧社区建设必须要充分考虑社区居民的实际需求，并以此为奋斗方向，整合资源，加大技术创新。以管理为核心的社区治理模式缺乏人性化思维，服务意识不足，无法实现社区治理的进一步发展。而智慧社区坚持以人为本的基本原则，在打造便民服务平台的同时，进一步加强对大数据技术的应用，结合调研、走访等传统方式，深入分析社区治理中存在的各种问题，着力解决突出矛盾，实现了从管理到服务的有效转变。

为推动现代信息技术与城乡社区建设、治理和服务深度融合，还需要我们立足于社区资源禀赋和人民群众对更高水平公共服务的期待和需求，强化信息系统建设的实用性、前瞻性和可扩展性，突出急用先行，梯次推进，迭代更新，积极构建供给与需求相衔接、要素与机制相匹配、线上与线下相结合的社区服务新业态，不断增强公共服务供给的针对性和有效性，持续满足社区居民日益增长的各类需求。

二、智慧社区推动“互联网+”与城乡社区服务深度融合

一体化推进智慧城市、智慧社区和数字乡村建设，整合社区信息化建设资金、资源和已有系统平台，推动建设集约化、联网规范化、应用智能化、资源社会化，实现系统集成、数据共享和业务协同。信息化基础好的地区要加快探索，先行一步，其他地区在做好规划的前提下积极试点，逐步推开。

另外，应实施“互联网+社区”行动计划，加强互联网与社区治理和服务体系的深度融合，运用社区论坛、微博、微信、移动客户端等新媒体，加快各级各部门城乡信息资源共享，逐步实现社区公共服务、志愿服务、便民利民服务等社区服务，提升社区服务的能力和水平，为社区居民提供精准化、精细化服务创造条件。同时，还要注意坚持传统的服务方式和智能化服务创新并行，聚焦涉及老年人日常生活的高频事项和服务场景，切实解决老年人在运用智能技术方面遇到的一些突出困难，有效解决老年人面临的“数字鸿沟”问题，为老年人提供更周全、更贴心、更直接的便利化服务。

结束语

社区是国家和社会治理的基本单元，是将党和国家方针政策与基层群众日常生活联系起来的“最后一公里”。群众真实意愿的可获得性和群众直接参与的可容纳性，是社区治理最大的特色和优势。社区治理的参与模式，是决定国家自上而下的管理力量与民间自下而上的自治力量之间的配置、组合与互动的关键，是整个社区治理体系制度韧性的来源，在很大程度上决定着基层社会治理现代化的实现水平。社区治理关乎每个人的切身利益，也关乎整个社会的和谐发展。

本书基于社区治理相关理论，重点围绕社区治理与民主自治、社区治理现代化、社区治理网络化与智能化进行论述研究，具有一定的理论创新和学术价值，对我国社区治理具有重要的现实意义。

参考文献

[1]聂继凯，张宇.整合与下沉：国内社区治理多元主体合作研究的未来走向[J].云南民族大学学报（哲学社会科学版），2021，38（2）：67-77.

[2]侯玉，刘焕明.基层社区提升应急治理能力的考量[J].学校党建与思想教育，2021（8）：94-96.

[3]朱懿.城市社区智慧治理的整合机制研究[J].企业经济，2021，40（3）：80-87.

[4]王海涛.社区治理结构与结构治理：框架、机制与影响[J].求实，2021（3）：36-50.

[5]施瑶瑶，宋煜萍.社区赋权推动社区治理效能提升的思路[J].领导科学，2021（6）：19-21.

[6]伍玉振.新时代党建引领城市社区治理的内在逻辑与路径优化[J].中共福建省委党校（福建行政学院）学报，2020（5）：78-83.

[7]刘华景.后疫情时代基层社区治理现代化问题研究[J].淮南职业技术学院学报，2021，21（2）：126-128.

[8]李豆豆.社会质量视角下社区治理现代化研究——以天津市X社区为例[J].科技风，2021（8）：128-129，177.

[9]张君.城市社区治理体系现代化的多维考察[J].学术探索，2021（2）：52-58.

[10]赵致远.党建引领：城市社区治理能力现代化的必然选择[J].中共成都市委党校学报，2021（1）：80-84.

[11]莫申容.治理现代化背景下的社区统战工作研究——以G街道为例[J].法制与社会，2021（2）：92-93.

[12]李晓壮.社区治理现代化的中国逻辑及实现路径研究[J].北京工业大学学报（社会科学版），2020，20（1）：63-70.

[13]陈友华，夏梦凡.社区治理现代化：概念、问题与路径选择[J].学习与探索，2020（6）：36-44.

[14]周波.城市社区治理能力现代化的建构逻辑与实现路径[J].湖南行政学院学报，2020（6）：13-21.

[15]梁慧歆.提升社区治理现代化水平的组合策略[J].宏观经济管理，2020（10）：72-76.

[16]唐秋实.关于城市社区居民自治问题和策略分析[J].经济与社会发展研究，2021（3）：183.

[17]郑盼盼.党组织在社区居民自治中作用的发挥[J].卷宗，2021，11（7）：397.

[18]张馨方.开放小区社区自治居民基本需求保障现状调查研究[J].山东青年，2021（2）：174-175.

[19]林钧杰.城市社区自治法治化研究[J].经济与社会发展研究，2021（12）：297-298.

[20]王列生.论社区文化治理的自治向度[J].甘肃社会科学，2020（1）：127-136.

[21]许宝君.社区居民自治研究范式转换及发展趋向[J].内蒙古社会科学，2020，41（1）：17-23.

[22]李春勤.社区居民自治能力提升路径分析[J].新西部（下旬

刊），2020（1）：32-33.

[23]王建森.提升大庆市基层社区自治能力对策研究——以大庆市五湖社区为例[J].大庆社会科学，2020（3）：104-107.

[24]班涛.权力结构视角下城市社区居民自治困境的生成与破解分析[J].内蒙古社会科学，2020，41（6）：29-37.

[25]朱萌.城市社区网络化治理的组织机制分析——基于天津市X区L街道的个案研究[J].领导科学，2021（2）：8-12.

[26]翟磊，赵萍.从"碎片化"到"网络化"：促进社会组织参与社区治理的路径[J].城市观察，2021（1）：109-118.

[27]杨洪芹，王才章.网络化服务治理：社会工作介入未成年人社区矫正的实践逻辑[J].河南警察学院学报，2020，29（6）：57-63.

[28]陈欣.社区网络化治理视角下的公民参与问题研究[J].经贸实践，2019（16）：201-202.

[29]林晔.网络化城市社区治理创新探索——以宝山区"社区通"实践为例[J].才智，2020（35）：93-95.

[30]唐鸣，陈鹏.网络化治理背景下社区公共服务供给探究[J].新疆师范大学学报（哲学社会科学版），2017，38（3）：82-88.

[31]杨海涛.我国城市社区网络化治理的路径分析[J].吉林广播电视大学学报，2017（1）：1-3.

[32]易元芝.走向网络化治理：城市社区治理结构转型优化研究——以温州市社区建设为例[J].攀登（汉文版），2018，37（4）：90-94.

[33]罗黎媚.社区网络化治理：一种城市社区参与式治理新方式[J].改革与开放，2016（16）：64-65.

[34]王法硕.智能化社区治理：分析框架与多案例比较[J].中国行政管理，2020（12）：76-83.

[35]张锋.以智能化助推城市社区治理精细化研究——基于上海杨浦区控江路街道的实证分析[J].城市发展研究，2019，26（3）：中插6-中插9.

[36]陈煜婷.社会治理智能化视域下的智慧社区探索[J].党政论坛，2019（11）：45-49.

[37]夏雅俐.党建引领下社区治理智能化路径探索——以上海宝山“社区通”为例[J].上海党史与党建，2018（11）：54-57.

[38]朱勤皓.“社区云”：社区治理智能化的上海模式[J].中国民政，2021（4）：40-42.

[39]佛山市禅城区民政局.“信息化”+“共享”打造社区治理智能化的“禅城样本”[J].社区，2019（3）：10-13.

[40]桑捷.上海市社区治理智能化工作完善研究——以Z社区为例[D].上海：上海师范大学，2020.

[41]郁建兴，吴结兵.走向科学化、精细化、智能化的未来社区治理体系[J].浙江经济，2019（z1）：44-46.

[42]霍俊玲.关于智慧社区商圈经济发展的对策研究[J].现代商业，2021（6）：9-11.

[43]刘芳.智慧社区的创新路径与时代价值——以江西省赣州市“智慧章贡”为例[J].中小企业管理与科技，2021（7）：75-76.

[44]张若冰，祝歆，李雪岩.智慧城市建设推动社区治理实践创新[J].北京联合大学学报（人文社会科学版），2021，19（2）：116-124.

[45]张宇晴.社区智慧养老服务的碎片化困境与整体性治理[J].

法制与社会，2021（7）：113-114.

[46]王剑媛.新时代背景下社区治理与智慧社区建设探析[J].内蒙古科技与经济，2020（16）：34-36，38.

[47]高峰.法治设计需与智慧社区治理同步[J].人民论坛·学术前沿，2020（3）：100-103.

[48]宋晓娟，王庆华.智慧社区：主体间新关系与治理新形态[J].电子政务，2020（4）：121-128.

[49]周楠星.基于可持续发展和合作治理理论的智慧社区发展研究[J].价值工程，2020，39（6）：104-106.

[50]罗新忠.社区治理智能化：基于上海浦东新区的实践探索[M].上海：上海交通大学出版社，2020.

[51]庄西真.社区治理与社区教育[M].苏州：苏州大学出版社，2016.

[52]刘婧.网络环境下的社区治理研究[M].武汉：武汉大学出版社，2016.